国家自然科学基金项目（42071195）阶段性成果

教育部人文社科青年项目（14YJC790082）后续成果

湖南省哲学社会科学基金项目（20YBA034）阶段性成果

衡阳师范学院 2020 年度博士科研启动项目（2020QD02）阶段性成果

传统村落保护与利用的
农户行为响应机理及其调控机制研究

刘天曌 著

经济日报 出版社

图书在版编目（CIP）数据

传统村落保护与利用的农户行为响应机理及其调控机
制研究／刘天曌著. — 北京：经济日报出版社，
2021. 11
ISBN 978 - 7 - 5196 - 0957 - 3

Ⅰ.①传… Ⅱ.①刘… Ⅲ.①农户 – 影响 – 村落 – 保
护 – 研究 – 中国 Ⅳ.①K925. 53

中国版本图书馆 CIP 数据核字（2021）第 241991 号

传统村落保护与利用的农户行为响应机理及其调控机制研究

著　　者	刘天曌
责任编辑	门　睿
责任校对	刘亚玲
出版发行	经济日报出版社
地　　址	北京市西城区白纸坊东街 2 号 A 座综合楼 710（邮政编码：100054）
电　　话	010 – 63567684（总编室）
	010 – 63584556（财经编辑部）
	010 – 63567687（企业与企业家史编辑部）
	010 – 63567683（经济与管理学术编辑部）
	010 – 63538621　63567692（发行部）
网　　址	www. edpbook. com. cn
E – mail	edpbook@ 126. com
经　　销	全国新华书店
印　　刷	廊坊市海涛印刷有限公司
开　　本	710 × 1000 毫米　1/16
印　　张	17. 5
字　　数	201 千字
版　　次	2022 年 1 月第一版
印　　次	2022 年 1 月第一次印刷
书　　号	ISBN 978 – 7 – 5196 – 0957 – 3
定　　价	78. 00 元

　　传统村落，又称古村落，类似的称谓还有历史文化村落，指的是村落形成较早，拥有较丰富的文化与自然资源，具有一定历史、文化、科学、艺术、经济、社会价值，应予以保护的村落。传统村落中蕴藏着丰富的历史信息和文化景观，是中国农耕文明留下的最大遗产。2012 年 9 月，经传统村落保护和发展专家委员会第一次会议决定，将习惯称谓"古村落"改为"传统村落"，以突出其文明价值及传承的意义。2012 年 12 月 19 日，住房和城乡建设部、文化部、财政部 3 个部门联合发布了第一批中国传统村落名录，全国有 646 个村落入选。截至 2020 年年底，全国已公布了 5 批共 6819 个中国传统村落。传统村落是中华民族的宝贵遗产，也是不可再生的、潜在的旅游资源，是发展乡村旅游、创新农业农村发展道路的基础。传统村落的有效保护和开发利用，是实现乡村振兴的重要路径选择。因此，传统村落保护利用受到各级政府的高度重视。为了加强传统村落保护，住房和城乡建设部、文化部、财政部早在 2012 年 12 月就发布了《关于加强传统村落保护发展工作的指导意见》，很多地方政府也陆续出台了关于传统村落保护利用的管理条例，传统村落遗产保护备受重视。

近年来，随着传统村落乡村旅游开发进程的加快，传统村落保护与开发利用日渐成为社会各界关注的焦点和学术研究的热点。传统村落的保护与开发利用关系到地方政府、当地农户及开发商，甚至还有旅游者等多个主体之间的利益冲突和利益平衡，若是处理不好这种关系，各方的利益都将受到损害。农户是传统村落的重要组成部分，也是其保护与开发利用过程中最主要的参与主体，农户意愿与行为响应对传统村落的保护与开发利用及其可持续发展具有重大影响。而当前传统村落保护与开发利用过程中出现了违背农户意愿、忽视农户权益等问题，严重影响了农户的参与意愿和行为，进而影响了传统村落保护与开发利用的效果，以及可持续发展和社会稳定。传统村落保护与开发利用进程中的主要矛盾是什么？农户有哪些不满意？为什么不满意？如何有效保护传统村落？传统村落如何实现可持续发展？这些都是传统村落保护与开发利用过程中十分重要且紧迫的课题。作为传统村落主体之一的当地农户，他们的利益诉求是什么？影响农户决策行为的关键因素有哪些？如何构建基于农户满意的传统村落保护与开发利用的管理机制？这些问题都是影响传统村落保护与开发利用的关键问题。因此，对传统村落保护与利用过程中的农户行为响应机理及其调控机制研究，不仅具有重要的理论意义，而且对有效保护和合理利用传统村落遗产资源，助推乡村振兴，促进城乡融合发展亦具有重大的现实意义。

本书在综述大量国内外文献的基础上，以传统村落资源丰富的湖南省为例，基于湖南省 10 个传统村落 257 户农户的问卷调查，应用动态博弈模型、多项有序 Logistic 模型，以及结构方程模型（SEM）

等计量分析工具，对传统村落保护与开发利用的区域差异比较、农户行为响应机理及其影响因素、传统村落旅游开发农户满意度与行为响应关系等问题展开了深入的分析与探讨，在此基础上构建了基于"农户—公司—政府""三位一体"的传统村落保护与开发调控机制，针对传统村落保护与开发利用过程中存在的主要问题，提出了加强传统村落保护利用的相关对策建议。

　　本书基于本人的博士学位论文而成，由于时间紧、调研难度大，致使研究的问卷数量略显不足，研究方法体系也有待完善，研究内容也有待进一步拓展。鉴于传统村落遗产保护利用是一项系统工程，当前传统村落旅游方兴未艾，乡村振兴开始全面推进，而新时代的传统村落遗产研究博大精深，本书只不过是一个小小的探索。由于作者能力和水平有限，不足之处和错误的地方，恳请读者批评指正。

刘天曌

2021 年 6 月于雁城

C O N T E N T S
目　录

INDEX

附表索引

CHAPTER

第一章

绪 论

第一节 选题的背景和意义

一、课题研究的背景

传统村落是历史年代久远且文化价值很高的村落，近似的称谓还有古村落和历史文化村落等。其中，中国历史文化名村指的是由原建设部（现住建部）与国家文物局从 2003 年开始公布的，保存了丰富的文物、具有重大历史价值，可以完整地展现某种传统的风貌与地方的民族特色的村落；中国传统村落则指的是建村年代很早、文化遗产丰富、综合价值较高的村落，自 2012 年起由住建部、文化部、财政部等多个部门联合评选。二者虽然在评选标准上有所不同，但其根本目的都是以保护和弘扬中华民族优秀文化为第一要义。本书研究对象选定为中国传统村落，是因为其概念较为普及，资源品质普遍很高，开发利用也备受关注，所以相对较为成熟。

农户是指主要从事农业生产劳动的人家，也就是户口是农村户口的常住户。本书的研究对象指的农户是那些长期居住在传统村落的农村户口居民。这些村民是传统村落的真正主人，是与传统村落保护利用联系最为紧密的利益相关者，是传统村落保护与开发利用的主体。

近年来，传统村落的保护与开发、"三农"问题等备受政府以及学者们的广泛关注。一方面，随着当今工业化与新型城镇化进程的推进，致使传统村落的传统生产与生活方式面临土崩瓦解，许多村落空心化严重，甚至大量有价值的村落正在慢慢消亡，传统村落的保护任务十分紧迫；另一方面，"三农"问题不仅是当前实现现代化必然要面临的最为紧迫的问题，而且还会影响到全面建成小康社会、可持续发展、中华民族复兴等系列的重大问题。因此，长期以来，"三农"问题始终是党和政府工作的重点，进入 21 世纪以后，更是成为全党工作的重中之重。自 2004 年开始，每年的中央一号文件已持续 16 次关注"三农"问题，2018 年更是提出了乡村振兴战略，新时代"三农"工作的总抓手。

二、课题研究的意义和价值

传统村落保护与开发利用的农户行为响应课题研究，很好的契合了我国的这些重大现实发展问题，因此极具研究价值。此外，本书的研究内容还是本人主持的教育部人文社科青年项目（编号：14YJC790082）的核心主体部分。具体来说，本书的现实意义体现在下列几各方面：

第一，传统村落的保护必要而且紧迫。传统村落也是中国传统农耕文化的载体，是优秀中华民族传统文化的主要构成部分。但是随着经济的快速发展和社会文化的变迁，加之现代旅游业的大发展，旅游发展造成的破坏使得传统村落的建筑等遗产日渐丧失了其原真性。传统村落的破坏与消亡越来越常见，使得其保护形势日益严峻，必须抓紧保护传统村落的风貌。为了更好地保护传统村落，国家相关部门早在 2003 年就开始了名镇名村的评选，截止 2018 年 12 月，已连续评选出 7 批共 799 个中国历史文化名镇名村，在全国 31 个省（区、市）都有分布。湖南一共有 25 个中国历史文化名村。与此同时，为了进一步保护日益遭到破坏和正逐渐消亡的古村落，自 2012 年开始，住建、文化等七部委开始评定中国传统村落，至今已分 5 批将全国 6819 个村落纳入《中国传统村落名录》，其中湖南省有 658 个，数量位列全国前茅。此外，国务院还于 2008 年公布了相关保护条例，以加强对全国的文化名城，以及名镇名村的保护。2006 年以后的中央一号文件也是多次提到要对传统村落加以保护，例如 2006 年提出要对有价值的古村落、古民宅进行保护；2013 年，要求对价值高、地域民族特色鲜明的村落，以及民居要加大保护力度；2014 年，明确提出要通过规划的制定、建立保护名录等方式，加大对传统村落保护与开发利用的投入与力度；2015 年，要求开展民居普查，进一步完善村落名录，并落实好保护规划；2016 年，再一次提出要加大保护力度；2017 年，提出要加强对整体风貌的保护，探索特色民族村寨的连片保护；2018 年，提出在乡村建设发展过程中要划定历史文化保护线，对文物古迹、传统村寨和建筑进行保护；2020 年，提出要保护好历史文化名镇（村）、传统村落、民族村寨、传统建筑、农业文化遗产、古树名木等；2021 年，明确要加强村庄风貌引导，保护传统村落、传统民居和历史文化名村名镇。加大农村地区文化遗产遗迹保护力度。2018 年，发布的乡村振兴战略规划（2018—2022 年）更是具体提出要处理好保护与发展利用

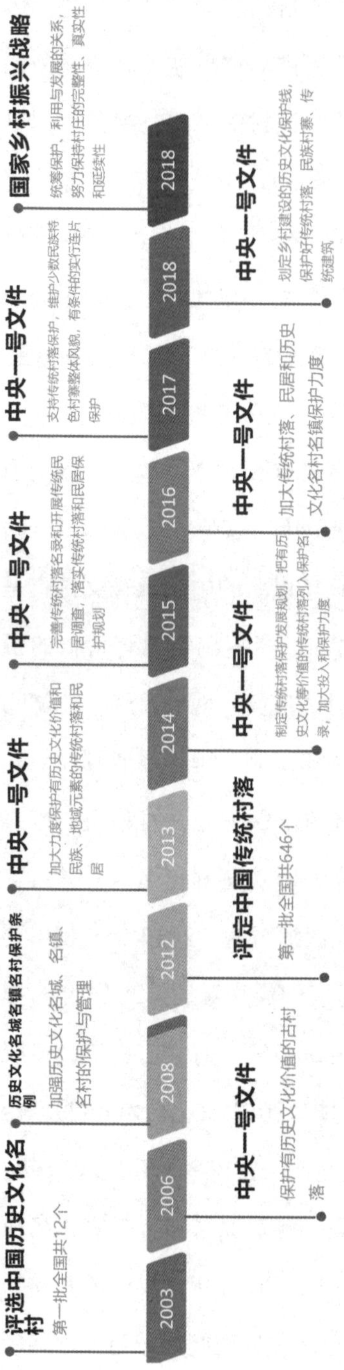

图 1.1　历年来国家有关传统村落保护的文件

的关系，从村落选址、建筑风貌、田园景观等方面，保护好村落的整体空间形态和周边环境，以维系村落的原真性、完整性及延续性。历年来国家有关传统村落保护的文件精神如图 1.1 所示。由此看出，一直以来，政府对传统村落的保护都极为重视。通过本课题研究，能够对我国传统村落的科学保护提供强有力的政策建议。

第二，传统村落的开发利用是现代经济社会发展的趋势和潮流。首先，随着社会经济快速发展，新时代下我国社会的主要矛盾已经发生了根本性变化，当前的主要任务是如何更好地满足人们的多样化需求。2020 年底，我国的常住人口城镇化率已超过 60%，人均 GDP 亦已超过 1 万美元大关，大众度假旅游需求激增。而传统村落大多坐落在依山傍水的乡村，这里自然生态环境优美、空气清新、历史风貌独特、民俗风情浓郁，拥有原汁原味的村落文化，村落形态和生活方式都能让人感受到浓浓的乡愁。传统村落乡村旅游，让城里人远离都市生活，感受历史文化，回归自然，满足了城市居民的利益需求，已成为大多数都市人休闲度假的普遍选择。因此，传统村落乡村旅游开始快速发展，通过政府的引导，实现了对村落文化资源的合理开发利用。其次，传统村落乡村旅游开发，通过引入农家乐、乡村民宿、休闲农业、特色农产品等门槛低、收效快的旅游新兴业态，将带动和促进乡村传统农业升级转型，使更多的农民受益，迅速增加农民收入，助推乡村振兴。与此同时，旅游业健康发展不仅可以帮助困难群众脱贫致富，而且还能吸引村民返乡创业，改善农村社会生态环境，解决村落空心化、留守儿童与留守老人等农村问题。因此，传统村落发展乡村旅游业也是新时代有效解决"三农"问题的重要路径选择。最后，适度、合理发展传统村落的乡村旅游业，将有助于加强传统村落的有效保护。通过旅游发展，增强传统村落的经济功能，使村落活态化，并且通过旅游发展筹集资金用于村落的维护修缮，实现传统村落的可持续发展。此外，发展乡村旅游有助于当地居民重新认识传统村落的价值，进而增强人们的保护意识。为了更好地开发利用好传统村落，彻底解决"三农"问题，中央一号文件也多次做出重要部署。例如，2015 年的中央一号文件提出要通过特色景观旅游名村的评选，打造多样化的乡村休闲旅游产品；2016 年，提出要进一步打造特色旅游小镇与魅力旅游村落；2018 年，提出要实施乡村振兴战略，并在其后颁布的《国家乡村振兴战略规划》（2018—2022 年）中提出村落要积极发展乡村旅游与特色产业。2016 年，国家"十三五"旅游发展规划明确提出要"促进旅游与文化融合发展。培育传统村落休闲旅游。推进古村落特色旅游发展。依托风景名胜区、名城名镇名村、特色景观旅游名村、传统村落等资源，探索"四名一体"的全域旅游发展模式"。2021年，《中华人民共和国国民经济和社会发展第十四个五年规划和2035年远景目标纲要》（简称"十四五"规划）提出要壮大休闲农业、乡村旅游、民宿经济等特色产业；要保护传统村落、民族村寨和乡村风貌。2021年，《"十四五"文化和旅游发展规划》提出要加大历史文化名城名镇名村保护力度，加强传统村落、农业遗产、工业遗产保护；要推进文化、旅游与其他领域融合发展；要利用乡村文化资源，培育文旅融合业态。历年来国家有关传统村落开发利用的文件如图1.2所示。这些重要文件都把传统村落开发利用和通过各种渠道提高农民收入作为重要议题列出，由此可以看出传统村落开发利用的重要性。通过本论文的研究成果，能够为各级政府提供传统村落旅游开发管理的政策建议，切实维护农户利益，不断增加农民收入，实现传统村落保护与开发利用过程中各相关利益者的"多赢"。

图 1.2　历年来国家有关传统村落开发利用的文件

第三，农户在传统村落的保护与开发中扮演非常重要的角色，但目前从农户的角度来研究传统村落的文章少之又少。传统村落保护与开发关系到地方政府、当地农户及开发商，甚至旅游者的利益冲突和利益平衡，如果处理不当，就会损及各方利益。传统村落农户是村落的重要组成部分，也是其保护开发中最主要的参与者，甚至可以说是关键主体，其意愿与行为响应对传统村落的保护与开发利用及其可持续发展具有重大影响。当前传统村落保护与开发的过程中出现了违背农户意愿、忽视农户权益等问题，影响了农户的参与意愿和行为，进而影响了传统村落的保护与开发利用效果，以及持续利用和社会的稳定。传统村落保护与开发中的主要矛盾（开发商与农户之间、开发商与当地政府之间、当地政府与农户之间）是什么？农户有哪些不满意？为什么不满意？村落如何和谐发展？这些都是传统村落的保护与开发利用过程中十分重要而紧迫的课题。本论文既是学术研究的重大课题，也是传统村落保护与旅游开发管理实践领域的当务之急，具有非常重要的理论价值和实践意义。能为各级政府部门制定传统村落保护法规、开发决策、实施旅游开发管理行为提供参考依据。

第四，湖南传统村落开发方兴未艾，亟待加强相关问题研究。截止2020年底，湖南省共有25个中国历史文化名村，中国传统村落更是多达658个，其他还有100多个省级传统村落。湖南的传统村落不仅数量多，而且品质高，传统村落保护与开发利用也广受重视。早在2007年就开始并评选出首批4处历史文化名村。2010年，湖南省政府又公布了273家单位参与创建湖南省特色旅游名村。这些村落大多具有深厚的文化底蕴和优美的自然风光，具备乡村旅游开发的优越条件，传统村落保护与旅游开发问题一直是备受关注的热点。2016年，颁布了湖南省旅游业"十三五"发展规划（湘政办发〔2016〕18 号）提出要对历史文化名村加大保护力度，进一步加强传统村落的保护与开发利用。2017 年，颁发了关于切实加强传统村落保护发展的通知，更是对村落的开发利用和保护作出了详细部署，提出要"通过对传统民居和整体风貌的保护等方式，进一步强化对传统村落的有效保护。传统村落的开发要合理且适度，在开发过程中，必须保持村落'见人、见物、见生活'，切实避免过度商业开发"。2020 年，湖南省"十四五"规划提出要规划统筹县域城镇和村庄规划建设，保护传统村落和乡村风貌，要全面提升旅游景区、旅游乡村、特色文旅小镇、旅游街区、旅游综合体和旅游城市的休闲度假功能和核心吸引力。通过本书的研究成果，为各级政府和传统村落当地提供决策参考，有助于促进湖南传统村落的保护和开发利用，加速推进湖南旅游强省的建设。

第二节　相关文献综述

一、传统村落相关研究综述

由于传统村落与古村落、历史文化村落的含义相近，本部分的研究综述即是对有关传统村落、古村落和历史文化村落等相关研究的综述。

1. 国外传统村镇相关研究综述

国外学者对古村镇的研究开展得比较早，关于古村古镇旅游的著述颇为丰富，涉及领域广泛，研究热点主要集中在旅游发展对古村落

的影响、古村落旅游的社区参与、古村落游客体验，以及古村落旅游地
的保护与持续发展利用等方面。

第一，旅游业对古村镇的影响研究。这是国外研究的重点，主要
研究内容包括：

一是古村镇旅游的社会经济文化等方面的影响研究。旅游的
社会、经济、文化影响受到国外学者的普遍关注，特别是对社会文化
带来的影响更是学者研究的焦点。威林森（Willinson，1995）等
通过对印尼传统小渔村潘甘达兰（Pangandaran）的调查，探讨了
旅游发展对村落不同性别居民的社会影响，发现旅游开发主要对底层
妇女产生社会影响[1]。帕里特（Pariett，1995）以遗产旅游地爱丁
堡古镇为例，提出了古镇旅游经济影响的评估方法，并指出文化古镇
旅游与当地其他经济要素进行整合[2]。马克斯（Marks，1996）以
坦桑尼亚的桑给巴尔（Zanzibar）石头城为例探讨了旅游发展的
影响，认为由旅游发展引起的古镇重建对古镇具有两方面的影响，在
保存了部分古建筑的同时，也使古镇传统的社会经济和文化结构遭
到破坏[3]。布伦特与考特尼（Brunt & Courtney，1999）对旅游
发展所带来的社会文化影响、主客体之间的交往及其相互影响进行
了概括总结[4]。贾米森（Jamison，1999）通过对肯尼亚的海滨小
镇 Malindi 的研究发现，旅游发展对社区种族关系的影响就像催化
剂一样，促进种族之间交往的同时也充满着竞争[5]。沃尔波尔与古
德温（Walpole & Goodwin，2000）分析了印尼 3 个旅游发展水
平各异的小镇因生态旅游开发所带来的利益分配、就业参与、文化
变迁等方面的影响[6]。图赫尔（Tucher，2001）的研究表明，通过
背包客与村民的深度接触，社会文化旅游影响使当地的传统文化得

到了很好的保护[7]。约瑟夫（Joseph，2001）通过对印度小镇普什卡尔（Pushkar）的研究发现，居民通常采用 3 种抵抗策略，在宗教和旅游之间建立了和谐共存的关系，更好地解释了西方的旅游活动对宗教社区带来的影响[8]。哈里森（Harrison，2007）通过对格兰德里维埃尔（Gran de Riviere）村的实地调查，分析了村落旅游的影响，发现当地的商业化并非村落旅游影响的结果，而是社会经济长期发展的综合影响的产物[9]。莱普（Lepp，2008)对乌干达的比戈迪（Bigodi）村进行研究表明，发展中国家的旅游发展对国外有明显的依赖[10]。

二是居民对古村镇旅游发展影响的感知和态度研究。古村镇旅游开发的居民感知、居民态度是旅游影响研究中受到广泛关注的内容。沃尔（Wall，1996）研究了巴厘岛上的一个古村落居民对旅游的感知与态度，发现居民感知较多的是旅游的正面影响，离旅游目的地越近，对旅游业的了解越多，对旅游发展的抵触情绪越严重[11]。林德伯格（Lindberg，1999）等人通过对博恩霍姆（Bornholm）岛上 4 个农业小镇居民的调查，对居民支持旅游开发的可能性以及旅游对经济的影响进行了评估[12]。梅森·彼得（Mason Peter，2000）等人对旅游还处于原发状态的某偏僻山村居民的调查研究显示，除部分居民持反对态度外，大多数居民都支持旅游业发展，而且性别差异对旅游发展感知有显著差异[13]。谢尔顿（Sheldon，2001）等人对夏威夷威基基（Waikiki）社区的居民态度进行了研究，发现当地的居民对社区有着深厚的感情，并且对发展旅游业非常支持[14]。威廉姆斯等（Williams et，2002）人探讨了新西兰不同地方的居民对旅游开发的社区影响感知差异，指出在对居民感知调查的过程中不应注重人口学方面的特征而更应关注被调查者个人的价值观[15]。托松（Tosun，

2002）通过对土耳其小镇居民对旅游开发影响感知进行研究，建立了便于旅游业融入当地经济社会发展的参与性模型[16]。霍恩等（Horn et, 2002）通过对新西兰罗托鲁瓦与凯库拉（Rotorua & Kaikoura）两地居民对旅游影响感知的比较分析，指出为了更好的对旅游进行管理，应该了解当地的历史和结构[17]。李等（Lee et, 2003）对赌场发展的当地居民感知进行了研究，特别对赌场发展前和发展后的感知差异做了对比，并分析了居民感知差异的影响因素[18]。

三是古村镇旅游发展对文化原真性的影响研究。近年来，古村镇旅游因受到现代旅游者的追捧而快速发展，旅游发展不可避免地对古村镇文化带来影响，发展旅游与文化原真性的保护就成了学界关注的重点。厄尔布（Erb, 2000）对印尼弗洛雷斯（Flores）岛上的芒卡莱（Manggarai）村进行了研究，指出目的地社区原有文化不能简单被动的接受旅游的影响，而应主动采取策略融入旅游发展，这样才能更好的传承和发扬传统民族文化[19]。尼夫斯（Kneafsey, 2001）对法国科马纳（Commana）村当地居民参与旅游发展的影响因素进行了研究，认为要想更好地了解当地社会经济文化的运转情况，就必须认真分析历史发展中的各种社会关系以及旅游地的传统文化[20]。科恩（Cohen, 2001)对墨西哥瓦哈卡（Oaxaca)4 个村落的调查发现，从当地居民的角度看，本土化管理模式能增加部分居民的经济收益，但对社区整体来说，不但未能获益，反而加剧了经济社会的不平衡[21]。贝斯库米德等（Besculides et, 2002）通过对科罗拉多州西班牙裔和非西班牙裔居民的调查并进行比较分析，发现西班牙裔居民对旅游发展带来的文化影响感受更为强烈，也更加关注当地特色文化的保护[22]。格鲁内瓦尔德（Grunewald, 2002）以巴西波尔图塞古罗（Porto

Seguro）村落为例，对民族风情旅游游的相关问题进行了分析，表明当地社区在旅游发展后，为了满足游客的需要，一般会对传统文化进行重塑，这样的重塑主要是受到经济利益的驱使或是为生计所迫，而并非是文化适应所必须的过程[23]。麦地那（Medina，2003）在伯利兹苏科茨（Belize Succotz）村调查的基础上，探讨了旅游发展对文化真实性的影响，并不同意旅游导致文化商品化的观点，反而指出旅游发展可以帮助当地的玛雅文化恢复其原真性[24]。

第二，古村落旅游游客体验研究。主要内容有：古村落旅游体验的影响因素和基于游客体验的旅游管理。古村落旅游的游客体验与动机、导游、村民、环境等多种因素影响有关。维特苏等（Vittersu et，2000）的研究表明，来自不同国家的游客对旅游吸引物的情感和兴趣存在着明显的差异[25]。韦肯斯（Wickens，2002）以希腊海滨村庄为例，通过对其度假旅游者的调查研究表明，对于相同的旅游目的地，不同的旅游者他们的体验方式、度假选择、活动类型以及对目的地评价都是不一样的[26]。泽佩尔（Zeppel，2002）在对加拿大印第安人的土著村落进行调查研究后发现，游客对当地土著文化体验的影响因素中，最重要的是游客对村落历史的了解程度以及游客与土著居民的交流接触[27]。蔡（Cai，2002）对新墨西哥州的传统农业小镇联合体进行了调查研究，提出了一个目的地品牌的概念模型，指出联合打造品牌能在游客心目中更好的形成一致性的形象[28]。李（Li，2004）对香港一个历史悠久的单姓传统村落锦田（Kam Tin）进行了调查研究，分析了村落旅游的游客感知和居民感知承载力[29]。张等（Chang et，2006）对台湾 2 个原住民村落的旅游者进行了调查分析，得出不同类型的游客偏好存在差异，但也有共同的体验趋向[30]。

罗约贝拉（Royo Vela，2008）建立了村落旅游形象的游客感知模型，对西班牙传统村落的旅游发展进行了分析[31]。米恩斯等（Mearns et，2008）从传统村落游客和旅游从业者感知的角度，对传统村落的土著文化保护状况进行了评估[32]。

　　第三，古村落旅游社区参与研究。古村落村民的态度直接影响旅游的社区参与行为，如果村民态度积极，参与旅游发展的意图就会很明显，参与旅游的行为也会很积极。奈特（KNIGHT，1996）通过对日本旅游胜地潮宏基（Hongii Cho）的研究发现，社区旅游参与的不平衡通常会引起很多争议，而边远地区的传统村落家庭旅馆等形式参与旅游并获得回报[33]。席勒（Schiller，2001）对印尼文化村落潘邦（Pampang）的研究表明，旅游发展到一定程度后会产生身份认同问题，导致社区参与能力下降，要把土著文化展示视为艺术表达的方法，才能更好地保护其传统文化[34]。托松（Tosun，2002）通过对土耳其传统村镇的研究，认为应该通过建构旅游社区参与模式，使得旅游业在促进地方经济社会发展中发挥更好的作用[35]。刘（LIU，2006）以马来西亚的吉打（Kedah）州为例，探讨如何既让游客能够体验到多元文化，又使村民能够受益的社区参与机制[36]。莱普（Lepp，2007）对乌干达比戈迪（Bigodi）村进行调查分析，发现当地村民对旅游的正面影响感知较强，因此参与村落旅游的积极性较高，并提出进一步增强村民参与社区旅游积极性的系列举措[37]。应等（Ying et，2007）通过对中国村落西递、宏村的旅游发展比较分析，发现中国的社区参与注重的是参与的整体性和利益的分配，而对决策权和参与深度不是很在意[38]。

　　第四，古村落可持续发展研究。古村镇的可持续发展是学术界关注的又一焦点。尤克塞尔（Yuksel, 1999）对土耳其的帕穆卡莱（Pamukkale）镇进行半开放式调查研究后发现，对于可持续的旅游发展，适当的政府干预是必要的，因为市场经济本质上不会带来可持续旅游[39]。西奥博尔德（Theobald, 2001）指出实现可持续发展的关键，是要通过沟通和教育，让主要的利益相关者共同探讨可持续中的实际问题[40]。克拉克等（Clarke et, 2001）分析了斯洛伐克一个已经衰落的矿业基地罗兹纳瓦·奥克斯（Roznava Okres）如何在英国基金组织的支持下通过制定乡村旅游规划，来推动当地的旅游业持续发展[41]。安等（Ahn et, 2002）讨论了可持续理念在区域旅游规划中的应用，并提出了几个实用的模型[42]。伯恩斯（Burns, 2003）以西班牙内陆村庄库利亚尔（Cuéllar）为例的调查研究发现，若要使当地旅游业可持续，政府首先就应秉承可持续发展的理念[43]。

2. 国内传统村落相关研究进展

国内有关传统村落的研究，始于20世纪90年代开始的古村落研究，随着旅游业发展以及建设社会主义新农村、解决"三农"问题等的需要，传统村落的保护与开发利用问题日渐引起关注。由于传统村落与古村落、传统村落在本质内涵上是一致的，只是称谓不同而已，故本部分的综述包括国内关于传统村落、古村落、传统村落等相关村落的研究，主要是关于古村落的旅游资源、开发与保护、旅游的经营模式及管理机制、旅游的社区参与、旅游的居民感知和可持续发展等方面。

第一，传统村落旅游资源属性研究。传统村落旅游资源特色及价值评价研究，是国内学者对古村落研究较早涉及的领域，首先是在认识传统村落本体特征后，探讨村落旅游资源的价值并进行评价。随着古村落研究的深入，古村落空间分布和传统聚落景观基因近年来成为新兴热点。

一是传统村落旅游资源特征和价值研究。陆林等（1995）对皖南地区徽派建筑的特征进行了分析[44]。刘沛林（1998）对古村落景观的空间意象进行深入分析，揭示了关于村落的形态与布局、选址和规划等传统文化的理念[45]。吴晓勤等（2001）从村落形态、建筑特色、地理环境等几个方面，对皖南地区的古村落特色和价值进行了分析总结[46]。阮仪三等（2002）对江南水乡古镇的文化背景、景观特征和环境条件进行了分析[47]。卢松等（2003）从多个方面分析了皖南地区古村落旅游资源的特征[48]。王振忠（2006）认为不能只是把古村落视为老建筑，更应把它看成是一种文化旅游资源[49]。

二是传统村落旅游资源的评价研究。对古村落旅游资源进行科学、系统的评价，有助于加强古村落的保护和开发利用。胡道生（2002）对安徽黟县的古村落旅游开发从建筑、环境与乡土气息等3个方面展开了评估[50]。刘昌雪等（2003）从可持续发展视角，分析皖南古村落旅游发展中景区管理、文化旅游、品牌经营和设施建设等问题[51]。吴冰等（2004）把古村落的旅游开发与资源评价结合在一起，构建了相应的开发经营模式[52]。朱晓翔（2005）对古村落旅游资源的开发原则、开发模式以及产品设计等问题展开了分析[53]。汪清蓉等[54]（2006）和邵秀英等[55]（2007）采用模糊综合评价法，构建了古村落综合价值评价的模型和指标体系，并对古村落旅游地做了评估。朱桃杏等（2007）评价分析了古村镇旅游资源的空间结构特征[56]。袁宁等（2012）采用层次分析法，对世界遗产地西递、宏村的旅游资源进行了评估[57]。

三是传统村落空间分布研究。随着传统村落数量的增多，其空间分布特征研究逐渐引起学者的兴趣。李亚娟等（2013）以国家级历史文化名村为对象，分析了其空间分布特征和相应的影响因素[58]。顾康康等（2014）对黄山的 101 个古村落进行了调查，运用 GIS 方法分析探讨了古村落综合品质的空间分异特征[59]。熊梅（2014）对传统村落的省、区与族际空间分布特征及其相关影响因素展开了研究[60]。刘大均等（2014）探讨了传统村落的空间自相关性和分布特征问题[61]。佟玉权等（2015）从自然因素、人文条件等诸多因素对贵州省 292 个传统村落的空间分异相关问题进行了探讨[62]。李伯华等（2015）对湖南的传统村落分布及其相关影响因素进行了深入研究[63]。焦胜等（2016）对湖南的传统村落及其"边缘化"分布问题进行了研究[64]。魏绪英等（2017）则分析了江西传统村落的类型和空间分布[65]。

四是传统村落景观基因研究。刘沛林教授开创性的将生物学的基因理论，引入到聚落景观的研究中，创立了景观基因理论，是近年来传统村落研究的一个全新领域。刘沛林（2003）采用"景观基因法"，对古村落文化的景观基因表达和识别进行了分析[66]。申秀英等（2006）将生物学的"基因图谱"运用到古村落的分析中，建立了古村落"景观基因图谱"[67]。胡最等（2008，2009）构建了基因图谱的信息单元和信息图谱单元模型[68-69]。刘沛林等（2009）从客家传统聚落的民居特征、布局形态等 8 个方面识别了客家聚落的景观基因特征[70]。刘沛林等（2009）从景观基因的完整性角度，探讨了传统聚落景观的保护与开发利用问题[71]。胡最等（2010）探讨了聚落景观基因信息单元的如何进行表达，并设计基因图谱的平台系统[72]。刘沛林等（2010）研究和识别了我国少数民族聚落景观基因的特征，并系统分析了聚落景观的区划[73-74]。邓运员等（2011）从景观基因的角度，分析了湖南古村镇的文化特征以及价值[75]。刘沛林（2011）运用多学科交叉的方法，探讨了聚落景观基因图谱的挖掘、整理和利用问题[76]。胡最等（2013）对湖南传统聚落的景观基因空间特征进行了研究[77]。杨立国等（2014，2015）对通道芋头侗寨的景观基因在地方认同建构中的作用和效应进行了研究[78-79]。胡最等（2015）构建了传统聚落景观基因的特征解构提取方法和识别模式，提出了传统聚落景观基因组图谱的概念，对湖南的聚落景观基因组图谱进行了探讨[80-82]。

第二，传统村落旅游开发与经营管理研究。传统村落的旅游开发研究是国内学者一直以来都十分关注的热点问题，也是相关研究成果最为丰硕的领域。学者从不同的角度展开了充分论述，主要的研究热点集中在古村落旅游开发基础理论、古村落旅游的开发模式、古村落旅游市场和旅游产品的开发等。

一是传统村落旅游开发基础理论研究。杨载田（1994）较早的对传统乡村古聚落的旅游资源开发展开了分析，主要分析了乡村聚落的特点以及开发的原则[83]。章锦河等（2001）对皖南古村落宏村的形象定位、宣传口号、形象设计等展开了研究[84]。吴文智（2002）以皖南古村落为例，建立了古村落旅游地保护与开发利用指数，研究了不同经营理念下的古村落演化模式[85]。

二是传统村落旅游开发与经营管理研究。内容主要涉及古村落的旅游开发经营模式和经营管理体制等。从投资主体角度，可以分为外部介入性开发和内生自主性开发。黄芳等（2003）总结了古村落旅游开发的特点，对古村落旅游的经营模式展开了分析比较[86]。冯淑华等（2004）探讨了古村落旅游的3种依托开发模式[87]。陈腊娇等（2005）对浙江诸葛村与郭洞村的旅游开发模式与效果进行了比较分析，指出内生性开发有一定的优势[88]。齐学栋（2006）的研究也得出类似的观点[89]。从资源利用角度，冯淑华（2002）指出古村落旅游开发应注重资源特征和游客体验[90]。刘沛林（2008）提出了指导古村镇旅游开发和保护的"景观信息链"理论[91]。李连璞（2013）从多维属性的整合角度，对古村落的旅游开发模式进行了分析[92]。张静等（2015）从文化生态的角度，对民族村落的旅游开发进行了研究[93]。梁丽芳（2015）建立了怀旧视角下衡量传统村落旅游者忠诚的模型，对山西省阳城县皇城村进行实证研究[94]。桂拉旦等（2016）对传统村落的文旅融合以及扶贫等相关问题展开了分析[95]。杨彩虹等（2016）对传统村落保护与开发利用和美丽乡村建设的相互关系进行了研究[96]。吴媚等（2017）对古村落旅游开发的社区"去权"与"增权"问题进行了研究[97]。杨梅等（2018）对传统村落旅游利益分配关系进行了研究[98]。关于古村落的经营管理体制，胡跃中（2001）对浙江楠溪江地区古村落的旅游资源管理问题进行了研究[99]。马智胜等（2004）对江西流坑村的资源营运问题展开了研究[100]。姚国荣等（2004）对安徽宏村的旅游经营管理问题展开了分析研究[101]。梁德阔等（2005）对皖南的西递和宏村各自的经营模式进行了研究[102]。车震宇和等（2006）通过对黄山、大理和丽江的对比，指出旅游政策的制定与实施对古村落的保护发展很重要[103]。应天煜（2006）提出了古村落开发的"公社化"模式选择[104]。周彩屏（2008）对浙江中部地区古村落旅游的管理体制展开了分析[105]。李文兵（2008）指出，古村落由企业承包经营效果较好，不过村民的利益往往被忽视[106]。陈爱宣（2010）关注古村落旅游公司的治理绩效，并构建响应的模型进行了评价[107]。邵秀英等（2010）探讨了古村落旅游开发过程中的如何进行公共管理[108]。

三是传统村落旅游市场和旅游产品开发研究。冯淑华（2002）着重从古村落的市场定位与产品开发角度对其旅游市场展开了研究[109]。朱国兴（2002）针对不同类型的旅游市场设计出了不同类型的古村落旅游产品[110]。卢松（2005）分析了皖南古村落的海外目标客源市场问题[111]。对于古村落旅游产品，方志远等（2002）认为江西省各区域的古村落应分别开发具有自身特色的旅游产品[112]。吴文智等（2003）对古村落旅游体验及其产品创新进行了研究[113]。冯淑华（2005）指出古村落解说系统是其产品的核心，并就如何建立解说系统展开了研究[114]。朱桃杏等（2006）指出较早进行旅游开发的古村落要不断更新升级旅游产品[115]。

第三，传统村落旅游社区参与研究。黄芳（2002）指出村民的参与对传统民居旅游可持续发展来说至关重要[116]。余向洋（2005）认为古村落旅游要以社区的发展为前提才可实现可持续[117]。雷海燕（2007）分析了陕西党家村社区参与旅游形象设计的模式[118]。李天翼（2007）对贵州郎德苗寨社区参与旅游的"工分制"模式成因及驱动因素进行了探讨[119]。颜亚玉等（2008）从经营模式角度对古村落社区参与旅游的问题进行了分析和比较[120]。杨效忠等（2008）通过对皖南地区几个古村落的分析和比较，探讨了古村落社区旅游的参与度及其影响因素[121]。

第四，传统村落旅游影响研究。随着旅游业的深入发展，旅游对古村落的影响日益凸显出来，如何正确看待旅游的影响，成为各界关注的焦点。主要的研究内容包括：

一是旅游发展对传统村落社会文化的影响研究。古村落旅游一方面可能导致传统文化的商业化、原真性的破坏和村落的空心化等负面效应，但同时也增加了社区村民与外面的社会经济文化交流。李凡等（2002）

对皖南地区的 3 个古村落通过建立旅游影响指数，就旅游的影响程度进行了比较研究[122]。章锦河（2003）探讨了古村落居民对旅游发展造成的经济、社会文化和环境等影响的感知[123]。肖光明等（2007）指出旅游开发对古村落的社会文化影响非常大，古村落旅游开发的早期阶段带来的主要是积极影响[124]。章磊等（2007）对古村落旅游发展给西递、宏村带来的正面影响和负面影响进行了探讨[125]。王帆等（2007）对因古村落开发而引起的社会文化的变迁问题进行了探讨[126]。李萍等（2012）基于村民和旅游者的视角，对齐云山旅游开发带来的多种影响进行了研究[127]。保继刚等（2014）通过实地调查，对西递村的旅游商业化控制问题展开了分析[128]。林敏慧等（2015）以西递为案例地，对旅游商业化带来的创造性破坏模型应用进行了实证分析[129]。林祖锐等（2015）以河北英谈村为例，探讨了旅游发展对传统村落重构和整合的影响[130]。卢松等（2017）古村落旅游发展下的移民问题展开了分析[131]。此外，孙静等（2004）从建筑色彩等多个视角研究了古村落旅游引起的视觉污染等问题，并提出相应的视觉管理原则和方法[132]。

二是古村落旅游的居民感知和态度相关研究。陆林（1996）最早对皖南古村落居民对旅游开发的态度开展了研究[133]。章锦河（2003）对古村落旅游影响的村民感知差异及其影响因素进行了研究[123]。黄洁等（2003）对浙江诸葛与长乐两村的村民对旅游发展影响的认知与态度进行了分析[134]。苏勤等（2004）对古村、古镇等旅游目的地居民的态度与行为进行了探讨[135]。卢松等（2005）探讨了西递古村落居民对旅游发展环境的感知及其的态度差异[136-137]。唐文跃（2014）对古村落旅游开发后当地村民的迁居意愿进行了分析[138]。唐晓云（2015）探讨了广西平安寨的居民对旅游发展带来的社会文化影响感知、态度和行为之间的相互关系[139]。刘天曌等（2018）分析了张谷英村旅游发展的农户感知、态度与行为[140]。

第五，传统村落的保护与可持续发展研究。随着古村落旅游开发的不断深入，旅游对古村落的影响也日益凸显出来，甚至有些古村落资源遭受不同程度的破坏，因此，古村落保护和可持续发展问题收到学者们的广泛关注。主要研究内容包括：

一是古村落保护研究。关于古村落的保护，是古村落研究的重中之重，学者研究的焦点主要集中在保护与开发的关系，保护的技术和方法，保护的路径与体制机制等。罗来平（1996）分析了安徽呈坎村的旅游资源特色及其保护[141]。刘沛林（1998）最早提出应通过设立"中国历史文化名村"的保护制度，加强古村落的保护利用[142]。刘源等（2003）提出古村落旅游应该坚持可持续的保护和开发策略[143]。阮仪三等（2003）认为，要通过制定科学的古村落保护发展规划，对其旅游发展行为进行相应的限制[144]。张跃华等（2004）对古村镇实现保护和旅游开发的均衡应选择的途径进行了研究[145]。刘德谦（2005）指出要加强古村镇的资源保护与开发利用之间的良性互动[146]。车震宇等（2006）指出通过古村落的旅游开发能够使其保持自己的特色，进而实现有效保护[103]。朱良文（2006）对古村落的保护和旅游发展两种不同规划的比较分析，指出科学的旅游规划更为重要[147]。王云才等（2006)探讨了传统村落的原真性保护及其控制[148]。周志雄（2007）认为控制性详规对古村落的保护意义重大[149]。皮桂梅（2012）建立了对古村落进行系统化保护的管理机制[150]。李东和等（2012）探讨了徽州古民居的保护和旅游开发利用模式与方向问题[151]。徐红罡等（2012）指出在古村落文化遗产的保护和管理中，应充分尊重当地村民的权力，才能有效保护村落的原真性[152]。李枝秀等（2012）探讨了江西古村落的保护模式问题[153]。刘沛林等（2012）对北京爨底古村落旅游发展中的乡村性传承进行了分析评价[154]。吴理财（2013）基于中西部五省传统村落的调查分析，对城镇化背景下的村落保护发展问题进行了探讨[155]。孙亚辉（2013）从古村落发展的角度，对古村落文化的变迁和拯救措施进行了研究[156]。王小明（2013）对传统村落的价值认定以及其整体性保护等相关问题进行了研究[157]。李军红（2015）分析了传统村落保护与开发利用过程中的生态补偿的机制构建问题[158]。刘馨秋等（2015）通过对当前传统村落所面临困境的分析总结，对传统村落保护过程中的意识、法律法规以及保护模式等方面得问题展开了研究[159]。伽红凯（2016）从经济学的角度，为中国传统村落的可持续利用提供了多种路径选择[160]。鲁可荣等（2016）对传统村落综合多元性的价值进行了分析，并对其活化传承进行探讨[161]。孙运宏等（2016）对当代中国历史文化名村保护面临的困境与应采取的对策展开了分析[162]。屠李等（2016）构架了基于价值导向的传统村落保护与开发利用的框架结构[163]。王军等（2016）引入动态监控的理念和方法，构建了传统村落开发与保护的动态监控体系[164]。刘宗碧（2017）探讨了生态博物馆的传统村落保护问题，认为应从村落主体利益出发，建立适合传统村落保护与发展的生产性支持体系[165]。赵曼丽等（2017）从生态哲学、生态人文和生态技术3个方面，提出贵州传统村落空间活化的生态策略[166]。黄滢等（2017）探讨了少数民族传统村落的多元主体保护模式[167]。宋河有（2017）探讨了对传统村落进行旅游化保护所面临的风险以及相应采取的防范措施[168]。龙初凡等（2017）以黔东南黎平县为例探讨了侗族传统村落保护与发展路径问题，认为利用侗乡自然生态资源和民族文化资源大力发展文化旅游，是侗族传统村落保护和发展的有效路径[169]。孙九霞（2017）探讨了传统村落的理论内涵和跨学科视角下的保护与利用路径[170]。廖军华等（2018）探讨了乡村振兴视域的传统村落保护与开发[171]。江灶发（2018）对我国公众参与传统村落保护的机制进行了研究[172]。刘天曌等（2019）探讨了新型城镇化背景下古村镇保护与旅游发展的路径选择问题[173]。随着信息科学和技术的快速发展与应用，一些学者着手研究传统村落的数字化保护问题。郑文武等（2016）对如何通过传统村落的数字化保护来"留住乡愁"的问题进行了研究[174]。刘沛林等（2017）对历史文化村镇的数字化保护途径进行了研究，认为利用数字化技术开展文化遗产保护可以实现文化遗产的永续传承[175]。刘沛林等（2018）探讨了传统村落开展数字化保护的背景、误区及相应的策略[176]。

二是传统村落旅游及其可持续发展问题。吴承照等（2003）提出古村落可持续发展要以文化的保护和经济的发展为前提，并受到生态安全和容量控制的约束[177]。胡田翠（2007）通过构建量化指标体系，对古村落的可持续发展加以分析评估[178]。施琦（2008）就古村落保护和旅游发展过程中暴露出的矛盾展开分析，进而提出相关的对策建议[179]。李德明等（2009）探讨了基于模糊数学的古村落旅游开发与社区经济发展之间的互动评估及其优化问题[180]。卢松等（2010）完善了库（Ko）所建构的旅游可持续性评估的框架，并以古村落为研究对象进行了实证分析[181]。冯淑华（2013）借鉴共生理论，建立了古村落的共生系统，并对古村落的共生演化与优化问题进行探讨[182]。王景新等（2016）探讨了浙江古村落的保护利用与持续发展问题，认为最重要的是观念、规划和规划实施，持续而有保障的土地、资金和传统技艺投入是关键，正确处理各利益主体之间错综复杂的关系是保障[183]。吴合显（2017）从文化生态的视角，研究了传统村落的保护以及可持续发展问题[184]。张慎娟等（2017）探讨了当前城镇化建设工程中传统村落的传承与发展问题[185]。詹国辉等（2017）对传统村落在乡村振兴背景下的共生性发展进行了相关的分析[186]。

3. 传统村落国内外研究现状述评

国内外对传统村落的研究在关于传统村落的保护、旅游影响的感知、村落可持续发展等方面有相似之处。国外的研究者主要是从社区角度，基于实地调查，再运用相关理论来分析和解决问题；国内的很多学者对传统村落的研究大多从个案着手。近年来，随着村落乡村旅游开发进程加快，传统村落保护与开发利用中的各种矛盾日益暴露出来，农户利益、开发经营模式、利益分配与协调等问题受到越来越多的关注。国内学者的已有研究成果对我国传统村落的保护和可持续发展提供了理论上的指导，但目前的分析研究多集中于资源的开发与评价、经营管理模式、旅游感知和态度等方面的探讨，鲜见对传统村落保护与开发的农户行为响应研究，对开发经营过程中存在的诸如旅游公司和地方政府之间的矛盾问题，地方政府、开发公司和当地农户之间的矛盾和冲突问题，传统村落居民有哪些不满意的地方，为什么不满意，等问题的深层次原因，缺乏相应的田野调查分析。尤其是作为传统村落主体之一的当地农户，他们的利益诉求是什么，影响农户决策行为的关键因素有哪些，如何构建基于农户满意的传统村落保护发展繁荣管理机制，等等。这些问题都是影响传统村落持续发展利用的关键问题，也是值得进一步深入探讨的方向和领域。

二、农户行为研究综述

农户是指户口在农村的常住居民户，传统农户主要从事的是农业生产劳动，因此有关农户行为的研究多与农业生产有关。由于农业生产涉足广泛，因此农户行为类型多样，许多学者从不同的角度的各种农户行为进行了广泛深入的研究。代表性的研究主要包括农户生产技术行为的研究、农户土地流转行为的研究、农户宅基地转让行为的研究、农户金融行为的研究和农户参与乡村旅游发展行为的研究等内容。

1. 有关农户生产技术行为的研究

农户在农业生产过程中会涉及各种新技术的选择和应用，因此很多学者对农户相关新技术采用行为展开了研究，代表性的研究有，杨唯一等（2014）[187] 基于博弈模型和毛慧等（2018）[188] 从契约农业视角对风险偏好与农户新技术采纳行为的探讨分析。姜天龙等（2015）[189] 以吉林省水稻种植户为例和肖新成等（2016）[190] 基于涪陵区农户的调查，探讨了农户对清洁生产技术的采纳行为及其影响因素。陈新建等（2015）[191] 基于广东水果种植农户的农户禀赋、风险偏好调查和许佳贤等（2018）[192] 基于公众情境理论，探讨了农业新技术的采纳行为。王火根等（2016）对农户应用新能源技术的行为及其影响因素进行了研究[193]。李娇等（2017）利用 Probit 与 Tobit 模型，分析了对节水灌溉技术选用过程中的农户行为[194]。李谷成等（2018）开展了劳动力老龄化对农户油菜新品种技术采纳行为及其影响研究[195]。李紫娟等（2018）分析了柑橘种植农户采纳绿色防控技术的行为[196]。米松华等（2014）[197] 和张小有等（2018）[198] 对农户低碳减排技术采纳行为及其影响因素的研究。童洪志等（2017）通过 311 户农户的调查数据，分析了农户对秸秆还田技术的采纳行为以及相应的影响因素[199]。

另外，是农户施肥技术采纳行为和农药施用行为的研究，左喆瑜（2015年）分析探讨了农户选择有机肥和控释肥等环境友好型肥料的行为[200]。魏欣等（2018年）基于陕西关中地区不同农作物种植户的调研，对农户施肥行为及其影响因素的分析研究[201]。侯建昀等（2014）利用非线性面板数据分析了农药施用的农户行为[202]。张利国等（2016）对蔬菜种植农户不合理的农药施用的行为及其影响因素展开了分析[203]。李昊等（2018）利用Meta方法对环境友好型农药施用的农户行为进行了研究[204]。

此外，还有对有关气候变化适应性的农户行为的研究，谭灵芝等（2014）以干旱区为例，分析了农户对气候变化的感知以及采取相应的适应性行为析[205]。冯晓龙等（2016）基于实地调查，分析探讨了苹果种植农户对干旱气候条件的适应性及行为[206]。李根丽等（2017）对陕西和甘肃两地气候变化适应性的农户行为进行了研究[207]。同时还有，刘滨等（2014）探讨了资源禀赋有差异的农户，在农业补贴政策影响下的种粮行为[208]。赵玉等（2016）探讨了价格预期和市场风险对农户种植行为的影响问题[209]。刘畅等（2017）利用动态博弈方法，对粮食储备的农户行为展开了分析[210]。

2. 有关农户土地流转行为的研究

农村土地资源是农户最重要的资源，对农户的影响意义深远，学者对农户土地流转行为的研究成果也是最丰富的，主要对土地、农地、林地等资源流转的农户行为进行了广泛深入的研究。对于农户土地流转行为的研究，代表性的有，谢明志等（2013）运用TPB，对农村土地流转的农户行为进行了分析[211]。付凯等（2015）对土地转出的农户行为进行了研究[212]。王立涛（2015）探讨了土地流转的农户行为差异与相关的影响因素[213]。聂文静等（2015）探讨了农产品价格和生产成本都提高的情况下土地流转相关的农户行为[214]。普冀喆等（2016）探讨了农户对土地的依赖、初始禀赋等和土地转出的农户行为之间的相互影响[215]。黄超群等（2017）通过我国东部8省的实证分析，研究了"新农合"制度对土地流转的农户行为的影响[216]。蒙柳等（2017）探讨了影响土地流转农户行为的因素[217]。王亚等（2017）从组织方式的角度，对土地流转的农户决策行为进行了研究[218]。任天驰等（2018）分析了欠发达地区农户的兼业情况对土地转出中其行为的影响[219]。陈治国等（2018）通过对CHIP2013数据的分析，对土地流转的农户决策行为及其福利效应进行了研究[220]。谭永海等（2018）从分布式认知的角度，对武汉城市圈土地转出的农户行为及其影响因素进行研究[221]。庄晋财等（2018）从行为经济学的角度，对兼业农户的土地流转行为展开了探讨[222]。

对农地流转农户行为的研究，代表性的研究有，王岩等（2013）研究了农地流转的农户行为以及相关的影响因素[223]。韩晓宇等（2013）探讨了西部地区新疆三地农地流转的农户行为[224]。陈飞等（2015）探讨了农地流转的诱因及其相关的福利效应[225]。孙小龙等（2016）通过鲁湘陕吉4省的调查分析，探讨了农地流转过程中风险规避对农户行为的影响[226]。洪炜杰等（2016）研究了农地流转过程中劳动力的转移规模对农户行为的影响作用[227]。冯旭芳等（2016）以贫困农户为对象，对农地流转的农户行为及其驱动因素展开了分析[228]。何欣等（2016）利用2013—2015年国内29省农户的调查数据，对农地流转行为进行了分析[229]。张明辉等（2016）对农地流转的农户参与行为及其影响因素与带来经济效应进行了研究[230]。杨和平等（2018）也对农地转出的农户行为进行了分析[231]。

对林地和耕地等资源流转行为的研究，如王孔敬（2016）探讨了贫困民族地区林地转出的农户行为与相关的影响因素[232]。徐畅等（2017）基于浙江省 393 户农户的调查，研究分析了社会资本对农户林地流转行为的影响[233]。王波等（2017）分析了影响林地流转农户行为的关键因素[234]。肖慧婷等（2018）基于江西集体林区 10县 503 农户的调查，研究了农户资源禀赋差异性对林地流转行为的影响[235]。陈俊等（2018）探讨了人力资本对林地流入的农户行为带来的影响[236]。徐秀英等（2018）研究了关系网络对浙江农户的林地流入行为带来的影响作用[237]。高岚等（2018）从意愿和行为一致的角度，分析研究了禀赋与认知差异对林地流转农户行为带来的影响[238]。此外，姜长云（2015）对农户耕地流转行为进行了比较，并给出政策选择[239]。汪箭等（2016）探讨了农地整治对武汉和咸宁两地部分农户对耕地流转的行为决策带来的影响[240]。陈玲等（2014）对参与退耕还林得农户行为及其影响因素进行了研究[241]。

3. 有关农户宅基地行为的研究

主要包括对宅基地退出、宅基地抵押、宅基地转让等行为的研究，代表性的研究有，杨玉珍（2015）从行为经济学视角，对闲置宅基地退出过程中的农户行为以及相关影响因素展开了分析[242]。于伟等（2016）分析探讨了城镇化建设背景下宅基地退出过程中农户的决策行为以及相关的影响因素[243]。原伟鹏等（2017）从农户对贷款偏好的角度，对宅基地抵押的农户行为意愿及影响因素进行了研究[244]。万亚胜等（2017）基于计划行为理论，对宅基地退出的农户意愿和行为的差异进行了探讨[245]。侯懿珊等（2017）从区域差异的角度对宅基地流转的农户行为进行了研究[246]。胡银根等（2018）对宅基地的有偿退出和使用过程中农户的决策行为及其影响因素进行了分析[247]。王子坤等（2018）对宅基地退出过程中的农户意愿和行为的悖离问题展开了分析[248]。

4. 有关农户金融行为的研究

主要涉及农户抵押贷款行为、借贷行为和参保行为等方面的研究，代表性的研究主要有，卢冲等（2013）基于成都市 312 户农户调查，利用 SEM 分析了利用将土地的承包经营权进行抵押来获得贷款的农户意愿与行为[249]。石龙静等（2014）基于杨凌示范区农户的调查，对农户借贷行为进行了研究[250]。马艳艳等（2015）对宁夏生态移民区相关农户的借贷行为进行了研究[251]。孟楠等（2016）分析了风险意识和风险承担能力对利用农地经营权进行抵押来贷款的农户行为的影响[252]。李岩等（2016）利用历时 6 年的有关农户贷款的面板数据，对农户贷款行为的特征和影响因素展开了研究[253]。吕德宏等（2016）利用有序 Logit 模型对农户不同类型的贷款融资行为进行了分析[254]。许家伟（2017）以传统农区的农户为对象，对农户借贷行为进行了研究[255]。叶宝治等（2017）探讨了社会资本对利用林权作为抵押进行贷款的农户行为带来的相关影响[256]。孔凡斌等（2018）对林权抵押进行贷款过程中的农户参与行为展开了研究[257]。马婧等（2018）分析了利用农地经营权进行抵押获得贷款时，农户认知对农户行为的影响[258]。陈芳（2018）利用行为经济学理论，对农户借贷行为与社会资本、农户融资心理之间的相互影响进行了研究[259]。此外，张崇尚等（2015）以玉米种植户为例，对农户参保行为的影响因素进行了研究[260]。张卓等（2018）则对农户参与农业保险的行为及其相关因素展开了研究[261]。

5.有关农户参与各类合作社组织行为的研究

为了推进中国传统农业的深入改革与发展，进入 21 世纪以后，一种新型的产业组织形式——农民专业合作社逐渐开始发展起来，部分学者也对各类合作社的农户参与行为展开了研究探讨。代表性的研究有，王克亚等（2009）研究了欠发达地区各类专业合作社的农户参与意愿[262]。郭红东等（2010）则对各类专业合作社的农户参与意愿及其相关影响因素展开了研究[263]。黄文义等（2011）对林业类专业合作社的农户参与行为以及影响因素展开了分析[264]。蔡荣等（2012）对山东苹果种植相关合作社的农户参与行为以及决策影响因素进行了分析[265]。马彦丽等（2012）对农民专业合作社的农户加入意愿与行为之间的关系进行了研究[266]。张哲等（2012）对农民专业合作社的农户参与的满意度以及相关影响因素进行了分析[267]。高雅等（2014）基于粤、皖两省的农户调查，利用 Probit 对选择退出合作社的农户意愿差异及其影响因素进行了研究[268]。倪细云（2014）对蔬菜类专业合作社种菜农户的参与意愿及其影响因素展开了研究[269]。钟颖琦等（2016）对参加农业合作社的农户意愿与行为差异进行了研究[270]。陈新华等（2016）通过广东省 207 家水禽养殖户的调研，分析了影响农户参与农民专业合作社的相关因素以及产生的经济效益[271]。赵晓峰等（2018）基于村域社会资本视角，探讨了参与农业合作社的农户行为以及决策的影响因素[272]。朋文欢等（2018）对贫困地区农户参与相关农业合作社的行为机理进行了分析[273]。

6.有关农户参与乡村旅游发展行为的研究

为了有效解决"三农"问题和满足城市居民日益增长的旅游休闲

需求，国内的乡村旅游因受到政府的高度重视而得以快速发展，而作为乡村旅游服务的经营者和提供者，农户的参与行为也受到学者关注。如张春丽等（2009）对湿地保护区旅游开发的农户参与意愿及其影响因素进行了研究[274]。张林娜（2012）探讨了乡村旅游开发的农户参与决策及其相关影响因素[275]。程丽颖等（2015）对农户参与乡村旅游的情况及其相关影响因素展开了研究[276]。向银（2015）对乡村旅游发展过程中农户的参与度以及相关影响因素进行了分析[277]。邱守明等（2017）对国家公园中生态旅游经营的农户参与意愿以及相关影响因素进行了研究[278]。黄平芳等（2018）基于江西赣南地区的调查，对农户参与旅游创业培训意愿及其影响因素进行分析研究[279]。张清荣（2018）基于福建武夷山地区的实地调查，对农户参与乡村民宿开发行为及其影响因素进行了分析研究[280]。

7. 农户行为相关研究现状评述

上述研究以不同的视角对不同领域的农户行为进行了研讨，总结了农户行为的特征和规律。由于农户行为具有非连续的离散型变量特征，研究者多采用将影响因素设置为虚拟变量从而构建计量模型的经济计量分析方法，选择的模型多为 logit、probit 等线性概率回归模型。从前人已有研究成果可发现，农户行为决策主要受到内外部多种因素的综合影响，内部因素主要是指农户的年龄、性别、职业、文化程度、家庭经济状况等个体方面的因素，外部因素主要包括农户所在地地理环境、社会经济发展水平、技术条件、市场经济状况、宏观经济政策等环境因素。前人的已有成果对本论文的研究在理论基础构建、方法选择和内容设计等方面提供了很好的借鉴和参考，但传统村落保护与开发的农户行为响应是一个全新的研究视角，很少有学者涉足，而在实施精准扶贫和乡村振兴战略的背景下，本课题对农户行为的研究，对新时代乡村的建设和发展具有一定的指导意义。

第三节　研究方法、研究思路和本书框架结构

一、研究方法

本课题主要的研究方法包括：

（1）文献资料收集与分析。广泛收集国内外传统村落保护与开发经营的典型案例，从地理学、文化学、旅游学、社会学、经济学和管理学等多学科交叉角度分析其成功经验或教训。查阅有关农户行为研究的理论和方法，构建本书研究的理论基础。

（2）农户开放式问卷调查与深度访谈。深入典型的传统村落，对村落农户、政府管理人员等进行问卷调查和访谈，全面收集村落相关信息，调研农户的真实想法。问卷设计共分 4 个部分：第一部分是关于传统村落保护与开发利用现状的调查，内容包括农户权益保障（收益分配状况、就业状况、是否参与旅游开发的民主决策等）、地方政府行为（规划实施与监管、地方政府保护规章出台资金投入、政策扶持等）、公司经营行为（经营方式、经营绩效、农户满意度等），以及村落保护程度（建筑年限、保护价值、房屋损坏、屋顶渗漏、墙面裂缝、虫蛀腐烂、老宅拆除盖新房等），问卷发放对象以农户及地方政府干部与公司代表为主；第二部分是关于传统村落保护与开发的农户行为响应及其影响因素的调查，问卷调查内容设计请详见研究内容 2；

第三部分为传统村落保护与开发的农户满意度调查，根据前述测评指标，分别采用 Likert 五级量表制来设计问项；第四部分为深度访谈题，访谈对象为农户代表、旅游管理部门代表、当地政府分管领导以及旅游开发公司高层代表等。课题拟通过就近村落预调研方式，再完善相关问卷。

（3）统计分析与计量经济模型检验。对回收的有效问卷进行样本频次、比例、最大与最小值、均值、标准差、P 值检验等基本描述性分析；采用克朗巴哈（Cronbach）α 系数与 KMO 值对样本进行信度与效度检验。运用 STATA13.0 软件的有序 Logit 模型对传统村落保护与开发的农户行为响应机理及影响因素进行分析。采用 SPSS19.0 进行探索性因子分析，建立传统村落保护与开发的农户认知度、参与度、支持度以及农户满意度等 4 个潜变量在内的农户行为响应与农户满意度的耦合关联以及具有因果关系的 SEM，采用 AMOS17.0 检验相关因子的作用路径。

（4）多因素综合评判法。构建传统村落保护与开发的农户满意度评价体系，运用 AHP 法确定各相关评价指标的权重值，合理确定各评价指标的赋值范围，建立衡量农户满意度的多因素加权综合评价模型。

二、研究思路和技术路线图

本课题的研究思路是：首先，广泛查阅国内外有关古村落、农户行为研究的文献资料，在此基础上构建本论文的理论基础和分析框架，设计好调查方案和问卷；其次，就近选择一些古村落进行预调研，发现问卷设计的缺陷并加以修改完善，然后再选择代表性的村落开展全面的考察和调研，获取一定数量的调查问卷；对回收的问卷进行整理，并将有效问卷结果录入建立数据库，对样本数据进行描述性统计分析和信度、效度的检验；构建三方动态博弈模型、多项有序 Logistic 模型、结构方程模型等计量模型，全面分析传统村落保护与旅游开发的农户行为决策选择及其影响因素，以及农户满意度与行为决策之间的耦合关联；根据计量分析结果，构建基于"政府、农户、公司""三位一体"的传统村落保护与开发利用的调控机制，并提出相关的政策建议。论文研究的技术路线图如图 1.3 所示。

三、课题的研究框架

全书一共有 8 章，相关各章主要研究的内容概括如下：

第一章是绪论部分，主要阐述本课题的研究背景及意义、国内外相关文献研究综述、课题的主要研究思路与方法、主要研究内容及本研究可能的创新点。

第二章是课题研究的理论基础部分，主要对农户行为研究的相关理论进行介绍，包括计划行为理论（TPB）、行为经济学理论和博弈论等，为后续的农户行为分析奠定坚实的理论基础。

第三章是基于统计和农户调查的湖南传统村落保护与开发利用的区域比较研究。通过对典型村落农户的深入调查研究，结合当地普查数据和统计数据，首先介绍研究区域概况，其次对湖南传统村落总体特征进行分析，最后对问卷调查数据进行描述性统计分析，并从空间分布、发展水平等方面的差异进行区域比较。

第四章是基于政府、当地农户和旅游开发商三方博弈下传统村落保护与旅游开发的农户行为响应机理分析。通过引入动态进化博弈理论，在对模型进行假设和博弈过程描述以及模型相关经济参数设置的基础上，构建地方政府、旅游开发商、村落农户三方动态博弈模型，并对参与博弈的局中人的收益函数及博弈模型均衡进行分析，探讨参与人博弈策略选择的重要影响因素，最后对参与人的博弈行为进行概

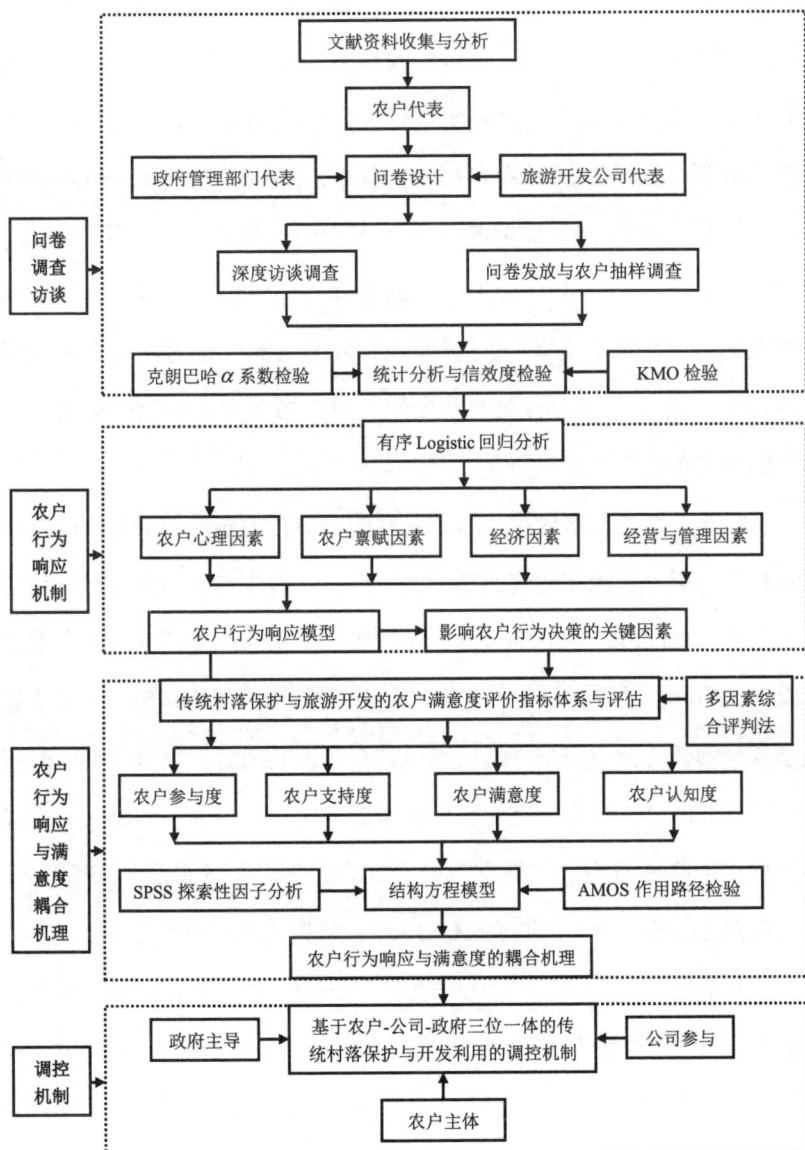

图 1.3 技术路线图

括总结，在此基础上提出相关的政策建议。

第五章是基于多项有序 Logistic 模型的传统村落保护与旅游开发的农户行为响应机理及其影响因素的研究。农户行为是影响传统村落保护与旅游开发的关键。本论文以农户参与传统村落保护与旅游开发的决策行为作为因变量，首先对回收样本进行信度和效度分析与相关统计分析，在此基础上，用双变量相关分析方法检验农户决策行为与可能的各影响因素之间是否存在相关关系，然后进一步建立多项有序 Logistic 回归模型，实证检验各影响因素间的作用方式及影响程度，用多重比较方法分析农户行为响应的差异，探讨不同发展水平、不同民族及历史文化背景与不同经营模式等多维度的传统村落农户参与保护与旅游开发行为决策的地域差异性，深入揭示农户行为决策的关键影响因素变量。

第六章是传统村落保护与旅游开发的农户行为响应与满意度的结构方程模型分析。在上述研究的基础上，进一步构建传统村落保护与旅游开发的农户认知度、农户参与度、农户满意度和农户支持度等 4 个潜在变量在内的耦合关联，以及具有因果关系的 SEM，即构建包含观测变量及潜变量的初始假设模型，然后通过调查数据的拟合，以检验初始的假设模型是否成立，最后通过对假设模型的多次修正，验证假设变量之间相互作用的路径方向，并确定路径系数的数值。本研究采用 SPSS19.0进行探索性因子分析，选取 AMOS17.0 检验相关因子的作用路径。

第七章是基于"农户—公司—政府""三位一体"的传统村落保护与旅游开发的调控机制研究。本着充分发挥农户主体作用和切实维护主体利益的原则，初步提出"政府主导、农户主体、公司参与""三位一体"的保护与旅游开发体系。在具体机制建构方面，始终以农户决策行为与主体利益为核心来设计，全面构建确保农户权益的产权机制、民主决策机制与收益分配机制等；发挥政府在科学规划、资金投入、政策扶植等方面的主导作用，如建立传统村落保护与旅游开发的规划引领机制、领导协调机制、矛盾纠纷排查防范机制、监管机制、应急处理联动机制等。

第八章是课题研究的结论与政策建议部分。首先对课题的核心研究内容进行了详细的概括总结，其次基于理论分析和实证分析的结果，提出促进传统村落保护与开发利用的相关政策建议，最后指出本课题研究的不足之处，并对下一步有待深入进行研究的工作做了展望。

第四节　本研究的创新之处

本课题的研究特色与可能的创新点体现在以下几点：

（1）理论创新。本研究从经济学、管理学、地理学、旅游学、文化学、社会学等多学科交叉角度分析其成功经验或教训，构建传统村落保护与旅游开发农户行为响应及其影响因素的实证模型，具有理论上的创新潜力。

（2）研究视角创新。运用动态演化博弈模型对农户行为响应机理展开了研究；基于计划行为理论（TPB），运用多项有序 Logistic 模型，尝试从农户视角定量研究传统村落保护与旅游开发的农户行为响应及其影响因素；运用结构方程模型阐明传统村落保护与旅游开发的农户行为响应与满意度的耦合机理。研究注重微观尺度的农户行为决策和主体利益，从农户决策行为和主体利益视角探寻传统村落保护与旅游开发的机制创新途径。

（3）区域和实践特色。湖南是传统村落富集的区域，这里的传统村落历史悠久、数量众多、文化特色鲜明，大多保护相对完好，价值很高。虽然国内学者在传统村落的个案研究中成果颇丰，但对典型区域综合性研究的成果较为鲜见。本课题研究将区域内最具代表性的传统村落进行整合研究，通过不同村落保护与旅游开发的分析比较，微观与宏观相结合，可望在区域传统村落研究上取得新的进展。

第二章

农户行为研究的基础理论

传统村落农户行为决策是一个复杂的过程，受到多种因素的影响。本章重点阐述农户行为研究的相关基础理论，以此构建本课题的研究分析框架。农户行为理论主要包括计划行为理论（TPB）、行为经济学理论和博弈论，在对相关理论进行阐述后，结合本课题研究的主要目标和内容，提出了几个基本的研究假设，为后几章的分析研究打下坚实的理论基础。

第一节 计划行为理论

一、计划行为理论的由来

1975 年，美国学者菲什拜因（Fishbein）和阿杰恩（Ajzen）基于"理性人"假设，提出了理性行为理论（Theory of Reasoned Action，简写为 TRA）[281]，主要用来分析态度对个体行为的影响，TRA 指出行为态度和主观规范影响行为意向，而行为意向则是决定行为的直接因素。由于 TRA 假定个体的行为受到意志的控制，因此其应用受到明显的限制。为了扩大应用范围，阿杰恩（Ajzen）于 1985 年在 TRA 中加入了一个新的变量"控制认知"（Perceived Behavior Control），初次提出了计划行为理论。1991 年，阿杰恩（Ajzen）又发表了《计划行为理论》一文 [282]，计划行为理论 (Theory of Planned Behavior, 简写为 TPB) 由此正式形成。TPB 主要对个体行为的影响因素进行研究，通过对个体行为意向的预测，进一步分析人类行为的决策过程，是关于个体行为研究最重要的社会心理学理论之一，在多种行为研究领域有着广泛的应用。

二、计划行为理论的主要变量

计划行为理论有 5 个最主要的变量，它们分别是：

（1）行为态度（Attitude towards the Behavior, AB）。是行为意向的第一个决定因素。根据 Fishbein 和 Ajzen 的期望——价值理论，态度是一种预设的立场，指的是个人对采取某种特定行为做出的评价。而行为态度就是对实行某种行为持有的态度，是个体对采取某一行为喜欢与否的程度。信念和观念的含义近似，是对自身的一种想法和行为意识倾向，是一种内在的心理需要，是激励人们采取某种行为进而实现自身目标的一种内在驱动力。而行为信念即个体具有的关于某种行为各种可能结果的信念。行为信念由行为信念强度（strength of belief, b）和评估结果（evaluation, e）构成。行为态度一般就用行为信念强度和评估结果来进行衡量，其函数关系式为：$AB \propto \sum b_i e_i$。

行为态度是关于某项特定行为活动的立场，总体表现为个体对目标行为所带有的积极或消极的感觉。一般来讲，当个体的立场态度越坚定时，他所表现的行为意愿度就越强烈。反之，则行为意愿度就越弱，甚至放弃行为。例如，对于传统村落当地居民而言，发展旅游业所带来的增加收入、提供更多就业机会及生活条件的改善等积极影响会促进古村落居民态度的形成。反之，如果旅游发展会造成村落文化遗产资源破坏、生态环境污染等负面影响，进而影响居民的日常生活时，则会弱化个体参与旅游发展的行为意向。

（2）主观规范（Subjective Norm, SN）。是行为意向的第二个决定因素。它是个人对来自外界社会的压力的感知，可以看成在进行个人行为预测时，重要参考群体对人们做出行为决策的影响程度。主观规范受到规范信念（Normative Belief, n）和遵从动机（Motivation to Comply, m）的共同影响。之间的函数式表达为 $SN \propto \sum n_j m_j$。

当重要团体或个人对个体的影响压力较大时，个体所做出的决定就会倾向于他们的意见，从而阻碍个体执行某种特定行为；相反，当重要团体或个人对个体影响不大时，个体感受的压力较小，从而积极主动地去执行某种行为。传统村落是一个整体，当地居民参与旅游发展的行为也是相互影响的。如果家人、身边的朋友或亲戚对传统村落发展旅游这一特定活动表现为支持、鼓励的态度时，居民个体对参与传统村落旅游发展的积极性就会大大提升。

（3）知觉行为控制（Perceived Behavioral Control, PBC）。是行为意向的第三个决定因素。又被称为控制认知，是个体对那些影响行为实施的因素的感知，用来表达个体所知觉到的采取某种行为的难易程度大小。阻碍采取某种行为的影响因素包括个人的技术能力、自身的缺点和情绪的调节等内在因素，以及面临的机会、掌握的信息和对他人的依赖程度等外在因素。控制认知有两种影响的方式：一是经过行为意向而对行为产生间接影响；二是直接影响行为。控制认知包括控制信念（control beliefs, c）及知觉强度（perceived power, p），三者之间的函数关系式表达为 $PBC \propto \sum c_k p_k$[283]。

知觉行为控制所反映的是个人过去的经验和预期的阻碍，它代表的是个体对某可控行为的执行能力。当个体所持有的技术水平、发展能力水平越高时，情绪就越积极；当相对条件下的信息越完善、发展机会越多时，对行为控制就越强。相反，如果缺乏能力、机会、信息和资源，预期阻碍增多，此时个体的控制力就会减弱。例如，当传统村落居民发现参与旅游发展的能力越强，得到的收益越高时，他们就会积极主动地参与旅游开发；反之，当居民发现参与传统村落旅游开发并不能带来任何可观的收益，或者其能找到其他更好的发展机会时，他们就会弱化控制力，不太愿意参与旅游开发。

（4）行为意向（Behavior Intention）。是行为的直接影响因素。意向是个体行为的一种准备状态。行为意向是在进行行为决策时，对是不是要执行此行为而进行的一种表达，也是所有行为被执行前一定要经历的过程，是执行行为前做出的决定。

行为意向体现为将要从事某件事的念头，它具体反应了某一个体对事物的关注及付出程度。传统村落居民参与旅游发展的行为意向是指居民对旅游开发可能采取的特定活动或行为倾向，反映出居民愿意为发展当地旅游而付出的时间、精力及财力的程度，是预测当地旅游发展空间的重要依据。

（5）行为（Behavior）。是指个体在各种内外部因素刺激影响下所采取的实际行动，行为可以通过实验进行观察和测量。

计划行为理论的结构模型如图 2.1 所示。

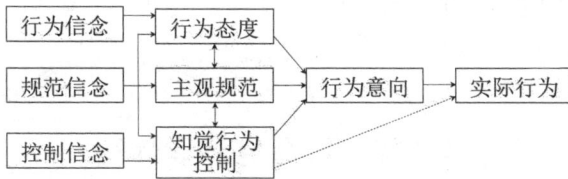

资料来源：Ajzen

图 2.1 计划行为理论模型

三、计划行为理论对农户行为研究的启示

根据计划行为理论，传统村落保护与开发的农户行为响应是农户在现实条件约束下进行的理性选择，农户决策行为的选择不仅仅受到农户自身的行为态度、主观规范、控制认知与行为意向等心理因素变量的影响，还受到农户禀赋、社会经济、经营管理等因素的影响。这正是本文对于传统村落保护与开发的农户行为响应及其影响因素研究分析的切入点。据此，本论文提出如下研究假设：

假设一：传统村落农户对参与旅游发展的态度影响其对参与发展的意愿度，当居民对发展旅游的态度是支持的时候，其对参与发展的意愿也会较高，两者是正向关系；

假设二：传统村落农户的知觉行为控制是影响其对参与本地旅游发展意向的重要因素，当农户感知到其对参与旅游发展有更大的控制能力时，将会有更强烈的参与意愿，两者表现出明显的正向关系；

假设三：传统村落农户的主观规范影响参与当地旅游发展的意愿，当居民有更积极的主观规范时，其对参与旅游发展的意愿度也更高，即他们是正向关系；

假设四：传统村落农户对旅游发展的意愿是其对支持参与旅游发

展行为响应的重要影响因素，且两者是正向关系。

第二节　行为经济学理论

一、行为经济学理论的产生及发展

自 19 世纪 70 年代起，一些心理学家逐渐开始将心理学的研究思想结合到经济学的分析中来，慢慢地发展演变成行为经济学，使得现代经济学的研究日渐回归现实。心理学家丹尼尔·卡尼曼（Daniel Kahneman）与阿莫斯·特维尔斯基（Amos Tversky）就是其中的杰出代表，前者还于 2002 年获得了诺贝尔经济学奖，加上后来也获得该项大奖的理查德·塞勒（Richard Thaler），经由他们的卓越贡献，一起将行为经济学不断推向大众视野。

所谓行为经济学，简单地说，就是研究人类一切经济行为的理论和科学。行为经济学通常采用观察与实验等心理分析法，以个体或群体的经济行为作为研究对象，通过构建的理论框架与经验规律，以便更好地描述人类的经济行为，从而极大地提高了经济学对经济现实的分析与解释能力。行为经济学以经济现实为基础，注重对人的经济行为的分析，将经济学与心理学有机结合，构建相关理论分析不确定性条件下人的行为决策机制，实现科学与人性的有机结合，使经济学真正成为研究人的科学。

从行为经济学的蓬勃发展可以看出，人与人的行为正逐渐成为现代经济学的前沿和热点。传统村落保护与开发的农户行为响应研究，属于行为经济学的研究范畴。因此，行为经济学的相关理论为本论文对农户行为进行分析提供了经济学的理论支撑。通过对行为经济学理论的简要回顾和阐述，对分析传统村落农户的行为具有一定的指导意义。

行为经济学领域的主要代表人物有丹尼尔·卡尼曼（Daniel Kahneman）、阿莫斯·特维尔斯基（Amos Tversky）、理查德·塞勒（Richard Thaler）和马修·拉宾（Matthew Rabin）等，主要理论有前景理论、心理账户理论、禀赋效应、跨期选择与自我约束等。

二、前景理论的主要思想

1979 年，丹尼尔·卡尼曼（Daniel Kahneman）与阿莫斯·特维尔斯基（Amos Tversky）在《计量经济学》杂志上发表论文"前景理论：风险条件下的决策分析"，首次提出前景理论（Prospect Theory），用以描述和预测人们在风险决策过程中个体的行为选择问题[284]。

根据前景理论，人们在面对得与失时的风险爱好并非一致，当面临得（收益）的时候表现出风险规避，而当面临失（损失）的时候则变成了风险偏好。这里的得与失是相对于期望的参考标准来说的，参考标准的设立和变化会影响人们的得失感受，并进而对人们的决策产生影响。

前景理论指出，个体行动方案选择的依据是前景价值（或效用）的大小，而前景价值 U 受到价值函数 V（x）与决策权重函数 W（p）的影响，由二者共同决定。其模型（Kahneman 和 Tversky，1979）如模型式子 2.1：

$$U = \sum_{i=1}^{n} V(xi) * W(pi)$$

(2.1)

其中，$V(xi)$ 代表的是价值函数，指决策者对第 i 种决策状态的主观感知价值大小，x_i 则是指第 i 种决策状态；$W(pi)$ 代表的是决策的权重函数，p_i 则是第 i 种决策状态发生的概率。

按照前景理论的思想，人们在进行决策时关心的不是财富（或价值）本身的数值大小，而是关心财富（或价值）与某一参考标准进行比较的相对值的大小。这里的参考标准一般为决策者当前拥有的财富（或价值）水平，或者是决策者期望去实现的价值大小。根据前景理论，不确定性决策的过程包括两个阶段：一是对信息的编辑和处理，个体为了设立决策的参照标准，将根据"框架"（frame）与参考点（reference point）对信息进行收集与处理，如果决策值超过参考点的水平就被看作是收益，如果低于参考点的水平，则被看作是损失；二是对前景价值的评估，主要根据价值函数（value function）与决策概率权重函数（weighting function）对相关信息的价值大小来进行评估。根据价值相对于某个参考水平的变化评估风险性前景，进而根据对问题的诊释结果做出不同选择。

价值函数曲线的形状近似于 S 型，如图 2.2 所示。它在原点（参考点）处发生弯曲，收益价值曲线位于参考点右上方的第一象限，而损失价值曲线位于参考点左下方的第三象限，损失价值曲线比收益价值曲线更加陡峭。收益价值曲线是凹的，而损失价值曲线是凸的，而且随着收益或损失的增大，价值曲线斜率逐渐减小，收益或损失的敏感性均呈递减趋势。价值函数有 3 个基本特征：一是人们在面临收益时通常表现为风险厌恶，不愿意冒险；二是人们在面临损失时往往表现为风险追求，在损失面前觉得很不甘心，都想赌一把，因此容易冒险；三是在面对收益和损失的时候，人们的敏感性也是有差异的，对损失比收益更为敏感。一般说来，损失造成的痛苦感要远大于同等收益带来的满足感或者是快乐感。

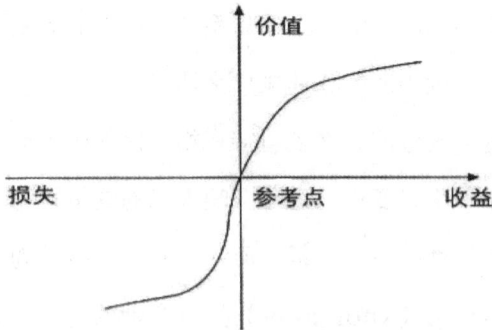

资料来源：Kahneman 和 Tversky（1979）

图 2.2 前景理论价值函数

主观概率的权重函数，指的是同决策问题的结果实际上发生的概率 p 相联系的决策权重函数 W（p），它并不是一个概率，而是概率 p 的非线性函数，它通过对概率 p 进行系统性变换而得。权重函数具有以下特征：一是各种可能性结果发生的概率 p 的单调增函数，W(0)=0，W(1)=1；二是不同概率结果的权重的赋值不同，小概率的结果的决策权重值＞其实际的概率值，即当 p 值较小时，W（p）＞ p，而大概率结果的决策权重值＜实际的概率值，即当 p 值较大时，W（p）＜ p；三是对于所有 0 ＜ p ＜ 1，则 W（p）+W（1-p）＜ 1。

三、心理账户理论和禀赋效应概述

传统经济学认为不管钱是怎么来的，或是怎么花掉，同等数额的钱是没有差别的，它们之间可以相互替代。但在现实生活中，人们手中的钱却是有差别的，钱与钱之间并非像传统经济学所假定的完全可以替代。1980年，美国经济学家理查德·塞勒（Richard Thaler）正是根据钱的不完全可替代性而提出了心理账户理论（Mental Accounting）[285]。所谓的心理账户，指的是人们用来描述、追踪与管理自己的各项经济活动收支的一个假想系统，即人们会下意识地把自己的财富（或钱）放到不同的心理账户来加以管理。心理账户可以看成理性经济人采用非理性的态度去看待事物，使得同等数额的金钱在不同环境下的价值发生了变化，进而影响人们的决策行为。通过心理账户理论，能够更好地描述、分析、预测人的决策与行为，并对人们很多的非理性反常行为（Anomalies）进行合理的解释，同时也能给行为人心理上带来一定宽慰。

心理账户的重要特征就是其非替代性。心理账户理论提出，人们主要根据资金的来源和用途对资金加以分类，不同来源的资金会被分到不同的心理账户，且不同的消费支出也与心理账户有关。心理账户理论表明，收益分几次获得而带来的心理效应之和＞一次性获得而带来的总心理效应，因为价值曲线函数在收益区间内是下凹（上凸）的，因此，对于收益的获得，同样多的财富分多次获得比一次性获得会让人们感觉到更大的收益；而价值曲线函数在损失区域是下凸（上凹）的，因此，人们在遭受损失的时候，同样的损失分多次发生比一次性亏损掉会让人们感觉到更大的损失。

心理账户理论重点考察下列3个问题：一是收入来源问题。按照心理账户理论，不同来源的收入之间是不可替代的，而且将会被分到不同的心理账户，同时，不同心理账户资金的边际消费倾向也不一样；二是资金花费问题。心理账户理论认为，人们将把资金分别归到不同的消费项目中去，且不同消费支出的资金之间是不可替代的；三是核算频率问题。人们对心理账户核算的频率将影响其行为决策，核算的频率越快，则发现损失的概率会加大，各心理账户之间的替代性就会变小。反之亦然。

禀赋效应是理查德·塞勒（Richard Thaler）对行为经济学的又一重要贡献，是塞勒于 1980 年提出的概念。他认为，"个体出让某物品时想要获得的价格通常高于其得到该物品所愿意支付的价格"。所谓的禀赋效应，是指在对所占有物品的情感依赖、个人偏好和物品价值既定的条件下，个体一旦占有某物品以后，就将会对该物品产生一定的情感，经过一段时间以后，就会把该物品看作其自身禀赋资源的一各组成部分，对该物品的主观评价也就更高。因此，个体在占有某物品以后对该物品价值的评估就会高于未占有前的价值，占有时间越长，投入的感情越深，依赖程度越强，就越不愿意将所占有的物品交易出去，对所占有物品要价自然就更高 [286]。

四、行为经济学理论对农户行为研究的启示

近年来，虽然一些农户的非农收入有很大提高，而且还逐年增加。但是，因为对于大多数农户来说，非农收入相对于传统农业收益是不稳定的，农户在面临获得非农收入的同时，仍希望保有其房屋和土地等资产，加之在村落开发过程中经常出现房屋和土地征收拆迁补偿不公的现象，存在以牺牲农户利益来吸引开发商等问题。此外，农民普遍把房屋和土地作为自己资产的一部分，村落的传统民居可以认为是农户的一种禀赋，具有很强的禀赋效应。因此，大多数农户对自家老房子主观上评估的价值比市场评估的价值要高很多。因为存在

损失厌恶心理与禀赋效应，要是没有诱人的激励，大多数农户都不愿意放弃自己占有的土地、民宅等禀赋资源。如果传统村落的保护与开发仅仅只是关系到经济利益，那么利用经济手段便可以解决好保护与开发中的各种矛盾问题。但实际上，传统民居和农村土地的转让和补偿标准却不容易确定。传统村落开发后，村民失去的可能不只是房屋和土地，而是村民长期生活在此，寄托着深厚情感和浓浓乡愁的精神家园。因此，处理传统村落保护与开发中的矛盾问题，应从经济、情感因素等多方面综合进行协调。

把行为经济学理论引入农户行为分析时，特别应该注意各项政策措施的制定和实施。一是在推出政策措施时，各项措施要明确而实在，特别是利益的分配上，因为人们在面临收益时是风险规避者，所以制定的政策措施要实实在在，要让居民能真正受益；二是各种政策措施要有连续性，在制定政策措施时要考虑是否可持续，不能轻易取消以前的政策措施，因为人们在面临损失时是风险爱好者，而且人们对损失比收益更加敏感，如果居民的利益受到损害，有可能采取对抗性行为，因此，如果确实有相应的政策需要进行调整，要提前做好沟通，或者对政策进行变通；三是在利益分配上，应该增加分配的频率，因为分别经历多次收益所带来的高兴程度之和要大于把所有的收益加起来一次所经历的高兴程度。

针对传统村落保护与开发过程中影响农户认知、行为决策的因素，提出以下假设：

假设一：农户心理因素直接影响农户的行为响应，农户的态度、主观规范、控制认知，以及行为意向等因素均正向影响传统村落保护与开发的农户行为响应意愿；

假设二：农户禀赋因素直接影响农户的感知，其中农户的文化程度、兼业情况等因素正向影响传统村落保护与开发的农户行为响应意愿，农户的性别、年龄对传统村落保护与开发的行为响应意愿方向不明确，可能是正向影响，也可能是负向影响；

假设三：经济因素正向影响传统村落保护与开发的农户行为响应意愿；

假设四：经营管理因素正向影响传统村落保护与开发的农户行为响应意愿；

假设五：农户参与旅游决策的程度正向影响传统村落保护与开发的农户行为响应意愿。

第三节 博弈论

一、博弈论的概念

博弈论（Game Theory）也称对策论，是现代数学中的一个重要分支，是一种用来分析有着竞争或者是对抗性质的经济现象的数学方法与理论，是当代经济学的基本分析工具。和传统经济学中各经济主体是独立分开的来进行决策不同，博弈过程中的行为不仅取决于自己的选择，还受到他人所选择的策略的影响。博弈行为的分析必须要考虑人们决策的相互影响，这就使得博弈论与现实世界更为接近。所以，博弈论的思想和方法现已被广泛应用到经济、政治、军事，以及国际关系等多个学科领域[287]。

二、博弈要素

通常来说，博弈包含下列 5 个要素：

（1）局中人（players）。是指直接参与进行博弈的人，在博弈过程中，每个有独立决策权的参与人就是一个局中人。局中人乃博弈过程中的决策主体，可以是个人，也可以是一个团体，而且博弈论中的局中人都是理性的。

（2）策略（strategies）。在博弈的过程中，每一个局中人都有自己可选择的行动方案，局中人可采取的行动方案，就是他的策略。

（3）得失（payoffs）。博弈过程结束以后，所有局中人得到的结果称为得失（或收益）。任何一个局中人参与博弈获得的收益，不仅与自身的策略选择有关，而且还受到所有的局中人的策略选择的影响。

（4）信息（information）。是指局中人所掌握的所有关于博弈的相关知识，包括所有局中人的行为特点及其行动策略等。

（5）均衡（equilibrium）。即平衡，在博弈中是指全部局中人都处于最优选择策略下的组合状态。

（6）结果（result）。是指在博弈结束以后，局中人感兴趣的所有博弈要素的集合，比如均衡收益组合、均衡策略组合等，一般可以用矩阵的形式来进行表达。

三、博弈类型

（1）根据博弈过程中局中人之间是否可以达成有效的协议，可将博弈分成合作博弈与非合作博弈。如果可以达成一个有效的约束性协议，就叫合作博弈；如果无法达成有约束力的协议就叫非合作博弈。

（2）根据博弈过程中局中人在进行决策时，决策的时间是否有先后顺序之分，可将博弈分成静态博弈与动态博弈。所有局中人是同时做出策略选择，或虽不是同时但后面选择的参与人对先做出选择的人的行动策略并不知晓的博弈叫作静态博弈。否则，就是动态博弈。

（3）依据博弈过程中局中人对所有其他参与人的全部情况的了解、掌握的程度，博弈可被分成完全信息博弈与不完全信息博弈。如果博弈时每位局中人都对其他所有局中人的全部信息都了如指掌，这样的博弈称为完全博弈。否则，称为不完全信息博弈。

（4）根据博弈过程中局中人相互竞争或者是对抗的性质，可将博弈分成对抗性博弈与非对抗性博弈。如果博弈过程中局中人的得失是相互对立的，也就是某一局中人获得利益的同时肯定会给另外一个局中人造成损失，所有局中人的收益之和要么为零，要么是一个常数，这样的博弈称作对抗性博弈；如果博弈过程中，局中人的收益之间不是对立的，而是既有竞争也有一致的情况，有可能实现某种均衡，这样的博弈称作非对抗性博弈。

根据博弈论的思想，由于经济资源的稀缺性，相关利益主体在追求其自身的利益最大化的过程中，必然产生利益的博弈与相应的行为。传统村落的保护与发展涉及各级政府、旅游公司和当地农户等众多利益相关者，尽管各利益主体间有一些共同的利益，但同时也存在着分歧和矛盾，各方都希望能在传统村落保护与开发中达成最优目标或实现利益最大化，因此，传统村落保护与开发的过程就是各相关利益主体多方博弈的过程。

第四节 本章小结

　　本章就农户行为研究的几个相关理论进行了阐述和分析。首先，阐述了计划行为理论的理论思想和相关核心变量，对后面第五章分析研究农户的行为意愿及其影响因素奠定了理论基础，将在计划行为理论（TPB）的基础上较为系统地分析传统村落保护与开发的农户行为决策及其影响因素，对农户行为响应机理进行深入分析；其次，介绍了行为经济学理论的基本理论观点，包括前景理论、心理账户理论和禀赋效应，行为经济学理论能有效的分析和解释农户的行为；最后，简要阐述了博弈理论的核心思想，重点阐述了博弈的构成要素与博弈类型，后面的第四章将在此基础上应用博弈理论和博弈模型分析政府、旅游开发商、农户三方动态博弈行为，深入揭示传统村落保护与开发过程中的农户行为响应机理。

第三章

湖南传统村落保护与旅游开发的现状分析

为了全面了解湖南传统村落保护与旅游开发的现状，通过网络收集相关的统计数据和资料，结合对部分典型代表村落的实地考察调研，基于统计数据和农户调查资料，对湖南传统村落保护与旅游开发的现状进行了分析。首先概述研究区域概况，其次对湖南传统村落的总体特征进行分析，最后根据问卷调查数据对湖南传统村落进行区域比较分析。

第一节　研究区域概况

湖南位处我国的中南部，长江中游以南，由于省境大部分面积处在洞庭湖以南而得省名，又因母亲河为湘江而简称"湘"，别称"潇湘"，还被称为"芙蓉国"，是著名的"鱼米之乡"和重要的粮食生产基地。湖南位于东经108°47′～114°15′，北纬24°38′～30°08′之间，东、南、西、北分别与江西，广东、广西，贵州、重庆，湖北毗邻，这里陆、水、空交通便捷，处在"一带一部"①的枢纽位置，湖南在全国的区位如图 3.1 所示。湖南属大陆性亚热带季风湿润气候，这里山清水秀，河网密布，水系发达，湘、资、沅、澧等四大水系纵贯全省，先流入洞庭湖，最后注入长江。湖南地貌类型多样，主要以山地和丘陵为主，省境海拔最低点是湘北地区岳阳临湘的黄盖湖，海拔只有 24 米，最高点是位于株洲炎陵东南部罗霄山脉中段的酃峰，海拔是2115.2 米。湖南是华夏文明的重要发祥地之一，境内历史遗存众多，截至 2021 年 6 月，共有全国重点文物保护单位 225 处，中国历史文化名城 4 座，中国历史文化名镇名村 35 个，中国传统村落 658 个。湖南山环水绕，旅游资源众多，风景名胜独具魅力，是享誉中外的旅游胜地，现有武陵源、崀山和老司城等 3 处世界遗产，南岳衡山等 21 个国家级风景名胜区，以及南岳衡山、武陵源、天门山等 11 个国家 5A级旅游景区，是全国的旅游资源大省。2019 年，湖南省共接待海内外游客 83470 万人次，综合旅游收入达 9762.3 亿元，旅游及相关产业增加值 2457.65 亿元，占 GDP 比重 6.18%。其中，乡村旅游市场占比将近三成，旅游市场总体规模位居全国前列，是当之无愧的旅游产业大省。2019 年，湖南省 GDP 总量达 39752.1 亿元，按常住人口计算，人均 GDP 为 57540 元，全省三产比为 9.2∶37.6∶53.2，常住人口城镇化率是 57.22%，居民人均可支配收入达 27680 元，综合经济实力

---

① "一带一部"：2013 年 11 月，习近平总书记视察湖南时提出，湖南要发挥作为东部沿海地区和中西部地区过渡带、长江开放经济带和沿海开放经济带结合部的区位优势，抓住产业梯度转移和国家支持中西部地区发展的重大机遇，提高经济整体素质和竞争力，加快形成结构合理、方式优化、区域协调、城乡一体的发展新格局。（资料来源：湖南省人民政府门户网站 http://www.hunan.gov.cn/xxgk/bgjd/201901/t20190111_5256868.html）

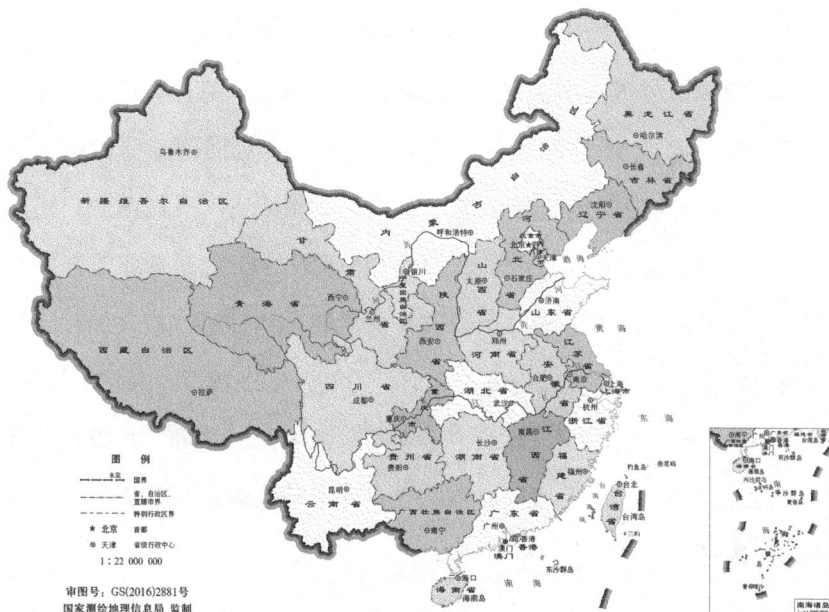

图片资料来源：国家测绘地理信息局

图 3.1　湖南省区域位置

处于全国中游偏上的水平，强劲的综合经济实力和高品质的旅游资源为传统村落的乡村旅游开发创造了优良的条件和坚实的基础[288]。

第二节　调研设计与数据来源

一、调研方案

为了全面收集本研究所需相关资料，从多种渠道展开了数据的收集。一方面，通过网络查找湖南传统村落基本信息资料，特别是2018 年 11 月在中国传统村落数字博物馆网站上查找到关于 200 多个村落的形成年代、户籍人口和常住人口、民族、村域与村庄面积、村集体收入、村民人均收入、主要农业种植等大量基础性资料，对全面了解湖南传统村落基本状况具有重要的理论基础；另一方面，本课题研究小组成员先后于 2014 年 1 月至 2016 年 1 月期间，前后多次深入到 10 多个典型的传统村落进行实地考察和调研，对村落农户、政府部门管理人员、旅游开发商管理人员等进行问卷调查和访谈，从农户、政府、开发商 3 方，全面收集农户的基本信息、村落保护与发展的现状、村落农户权益保障、政府行为和开发经营行为等相关信息，切实倾听农户的真实想法和心声。课题在预调研的基础上，设计开放式问卷，以农户为主要调研对象，在全省不同区域选择代表性村落分别进行调研。

二、问卷设计

调研问卷设计共 4 部分：第一部分是关于传统村落保护与旅游开发利用现状的调查，内容包括农户权益保障（收益分配状况、就业状况、是否参与旅游开发的民主决策等）、地方政府行为（规划实施与监管、地方政府保护规章出台资金投入、政策扶持等）、公司经营行为（经营方式、经营绩效、农户满意度等），以及村落保护程度（建筑年限、保护价值、房屋损坏、屋顶渗漏、墙面裂缝、虫蛀腐烂、老宅拆除盖新房等），问卷发放对象以农户以及地方政府干部与公司代表为主。第二部分是关于传统村落保护与旅游开发旅游的农户行为响应及其影响因素的调查，问卷调查内容设计以计划行为理论为基础，综合控制认知理论、行为经济学理论和博弈论等相关理论，包括农户心理因素、农户禀赋因素、经营与管理因素及其他因素在内的相关测量变量，农户心理因素变量选取 Likert 五级量表来进行测量；农户禀赋因素采用入户调查方式，将每个指标设置一定的数据区间，根据低至高依次赋分1，2，3，4，5；经济因素则采用当地普查数据和统计数据，设置一定的数据区间，根据低至高依次赋分1，2，3，4，5。第三部分为传统村落保护与旅游开发利用的农户满意度调查，根据满意度测评指标，分别采用李克特（Likert）五级量表来设计问项。第四部分为深度访谈题，访谈对象为农户代表、旅游行政管理部门代表、当地政府分管领导，以及旅游开发公司高层代表等。

三、样本对象选择

本课题研究最终选择进行调研的湖南传统村落共有10个，分别是湘北地区岳阳的张谷英村，湘南地区永州的上甘棠、龙溪、谈文溪、干岩头和衡阳的中田村，以及郴州的阳山村、板梁古村等，湘西地区怀化的高椅村和邵阳的大园村，调研村落的分布及其特色景观如图3.2所示。

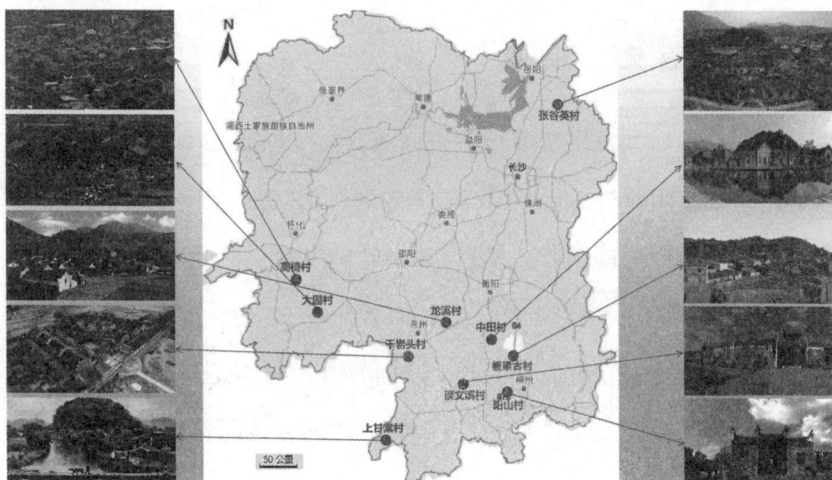

图 3.2 样本村落的分布及其特色景观

除湘东地区外，每个区域都有代表村落。从民族属性看，瑶族村寨 1 个（上甘棠村），彝族村落 1 个（谈文溪村），侗族村寨 1 个（高椅村），苗族村寨 1 个（大园村），其他 6 个则都是汉族村落；民族类型也较为齐全。此外，所调研的这 10 个村落全部都是中国传统村落，其中的 7 个还入选了中国历史文化名村，高椅村和大园村还是中国少数民族特色村寨。这些村落都是湖南传统村落中历史文化价值最高、建筑风貌最具特色、村落整体形态保存最为完整、文化遗产资源最丰富的村落，也是旅游资源开发条件最好的村落，而且相对于省内其他村落，进行旅游开发的时间相对比较早，其中岳阳的张谷英村和郴州的板梁古村已经成功晋升为国家 4A 级旅游景区，其他 8 个村落中，除大园村以外，其余 7 个村落也全都被评为了国家 3A 级旅游景区。这些传统村落旅游发展目前都已经具有一定的知名度和影响力，有的还成了当地文化旅游的名片。因此，样本村落的选择具有相当的代表性和典型性，能很好地满足本研究的需要。

四、问卷发放与回收

本调查前后共发出 290 份调查问卷，实际回收 270 份，除去那些回答不完全及明显与实际不相符的无效问卷 13 份，最终获得 257 份有效问卷，有效问卷的回收比率是 88.6% 。其中，湘北地区只调查了 1 个村落，共发 40 份调查问卷，收回有效问卷 35 份；湘南地区调查了 7 个村落，共发 180 份调查问卷，收回有效问卷 161 份；湘西地区则调查了 2 个村落，发了 70 份调查问卷，收回有效问卷 61 份。有效样本村落分布及其基本信息见表 3.1。

表 3.1　调查样本村落特征

区域	样本村落	民族属性	景区等级	门票（元）	有效样本	占比 %
湘北地区	张谷英村	汉族	国家 4A 级景区	50	35	13.62
	中田村	汉族	国家 3A 级景区	免费	35	13.62
	板梁古村	汉族	国家 4A 级景区	50	10	3.89
	阳山古村	汉族	国家 3A 级景区	30	12	4.67
湘南地区	龙溪村	汉族	国家 3A 级景区	30	38	14.79
	干岩头村	汉族	国家 3A 级景区	免费	18	7.00
	上甘棠村	瑶族	国家 3A 级景区	免费	20	7.78
	谈文溪村	彝族	国家 3A 级景区	免费	28	10.89
	高椅古村	侗族	国家 3A 级景区	30	29	11.28
湘西地区	大园村	苗族	－	免费	32	12.45
合计	10				257	100

第三节　湖南传统村落总体特征分析

　　本节内容主要根据现阶段所能收集到的 329 个湖南省历史文化名村基本数据进行分析。其中，257 个中国传统村落的数据资料主要从住建部创建并主管的中国传统村落数字博物馆网（http://www.dmctv.cn/）收集得到，其余 72 个传统村落的数据资料，则通过各种网络资料分析整理而得，但是存在大量的数据缺失。基于现有资料，主要从传统村落的数量类型、时空分布、人口面积、主要农业和收入等方面，全面分析湖南省传统村落的基本现状和特征。

一、数量特征

湖南历史悠久，传统村落资源丰富多彩，数量众多，形式多样，文化多元，价值独特，具有鲜明的地域特色，许多村落从古至今一直在用，是一种活态的文化遗产，在我国南方古建筑中占有重要地位。截至 2020 年，共有由官方评选公布的各类传统村落近千个，其中，有由住建部和国家文物局共同评选公布的中国历史文化名村 25 个，占全国 487 个中国历史文化名村的 5.13%；有由住建部、财政部等 4 部门评审公布的中国传统村落 658 个，数量排在全国第三位，占全国 6819 个中国传统村落的 9.65%，中国历史文化名村和中国传统村落的数量远远高于全国平均水平，中国传统村落数量与前 2 位的贵州和云南差距也不是很大；此外，还有由湖南省住建厅和文物局核定批准的湖南省历史文化名村 171 个。湖南的 25 个中国历史文化名村全部入选了中国传统村落，除岳阳县的张谷英村和怀化沅陵县的明中村外，其余 23 个既是国家级也是省级的历史文化名村，而在 171 个湖南省级历史文化名村中，有 130 个已入选中国传统村落，因此，湖南省有官方评选出的各类传统村落多达 699 个。具体统计情况见表 3.2。

表 3.2　湖南各类传统村落统计

名称 ＼ 批次	第1批	第2批	第3批	第4批	第5批	第6批	第7批	合计	占全国的比重 %
中国历史文化名村	1	–	3	–	4	7	10	25	5.13
中国传统村落	30	42	19	166	401	–	–	658	9.65

续表

批次 名称	第 1 批	第 2 批	第 3 批	第 4 批	第 5 批	第 6 批	第 7 批	合 计	占全国的 比重 %
湖南历史文化 名村	4	12	22	30	103	–	–	171	
合计								699	

鉴于传统村落资料的可获得性，以下对湖南省传统村落的分析仅限于截至 2017 年评选出的 329 个各类历史文化村落（即本章所分析的湖南传统村落），其中包括第一批至第四批的 257 个中国传统村落，以及第一批到第五批的 171 个湖南省级历史文化名村。

二、类型特征

湖南传统村落不仅数量多，而且类型丰富，有着鲜明的地域特色和浓郁的民族风情。根据传统村落的地域文化和人口构成的差异，将湖南的传统村落分为湖湘文化村落和少数民族村落两种基本类型：湖湘文化村落主要是汉民族聚居的村落，主要分布于湘东、湘北和湘南地区；少数民族特色村落主要是指湖南的各少数民族村寨，该类村落多数坐落于偏远山区。截至 2017 年，在湖南省的 329 个传统村落中，有湖湘文化的特色村落 171 个，有以苗、土家、侗、瑶等少数民族为主的特色民族村落 158 个，其中白族村落 2 个、侗族村寨 24 个、苗族村寨 70 个、瑶族村寨 11 个、土家族村寨 26 个、回族村落 1 个、彝族村落 1 个，以少数民族为主的多民族混合村落 23 个。如图 3.3 所示。

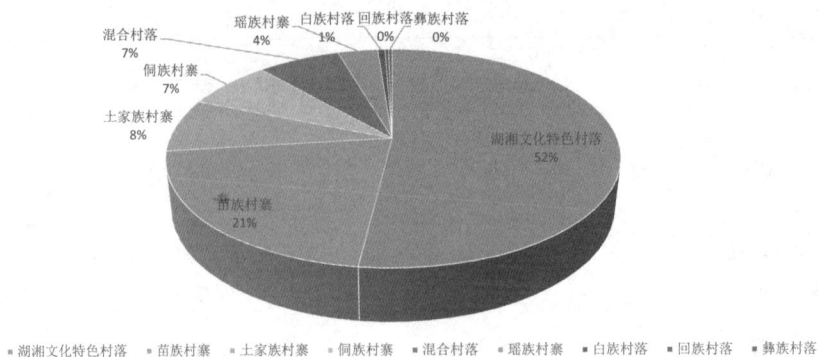

图 3.3　湖南传统村落的民族类型统计

　　在各类村落的地域分布上，汉族村落在全省各个地区均有分布，而特色少数民族村落主要分布在湘西地区，特别是张家界市的 6 个传统村落全部都是特色少数民族村落。湘西土家族苗族自治州的 85 个传统村落中，有多达 83 个的村落是特色少数民族村落；怀化市的 64 个传统村落中，特色少数民族村落也占了 43 个；邵阳市的 21 个传统村落中，特色少数民族村落也占了 13 个。这 4 个地州市的特色少数民族村落的比例都超过了 50%，总量更是占到湖南省全部特色少数民族村落的 91.8%，说明特色少数民族村落在其他地区仅有零星分布。

三、时间分布特征

　　湖南保留较为完好的传统村落形成历史时间跨度不是特别大，主要从唐宋时期一直延续到中华人民共和国成立后。其中，建村年代最早的传统村落当属江永县的上甘棠村，已有 1200 多年的历史，是"忠孝廉节"和崇文尚武的教化之乡。建村历史最短的则是湘西州花垣县金龙村，是一座建在悬崖上的苗寨，中华人民共和国成立后才形成，拥有优美的自然风景和独特的原生态苗族风情。湖南的传统村落最多的是明清时期的古村落，在 329 个传统村落中，始建于明代的村落数量最多，达 134 个；其次是清代，有 105 个；建于元代的有 64 个，建于宋代（南宋和北宋）的有 18 个，建于唐代的有 5 个；仅有 2 个村落建于民国时期，1 个形成于中华人民共和国成立后，村落形成年代时间统计如图 3.4 所示。可以看出，目前保留下来较为完好的村落建筑多以明清时期的风格为主，元、明、清三代的村落占总量的 92.1%。其中，建造于明清时期的传统村落广泛分布在各个市州，如图 3.5 所示，年代较为久远的传统村落主要分布在湘南和湘北地区。历史久远的文化村落历经各朝代的变迁，基本上已没有了建造朝代的风格，与建造年代相关的仅仅是一些遗址遗迹或牌匾、碑刻等，但有相关的史籍记载。

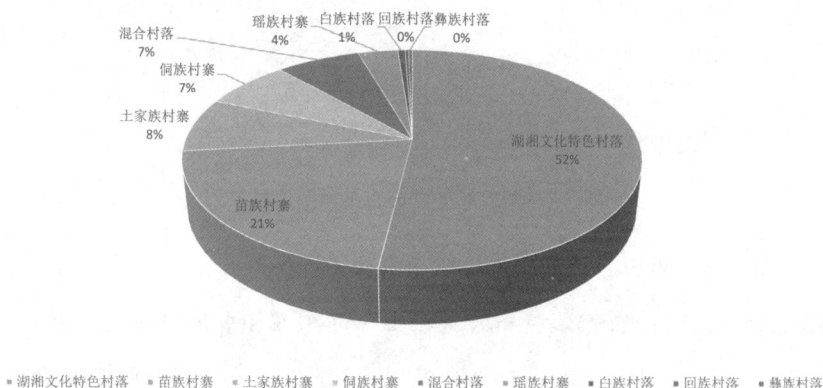

图 3.4　湖南传统村落形成年代统计

四、空间分布特征

（1）市州分布特征。为了分析湖南传统村落的空间分布特征，借助谷歌地图标定传统村落的地理坐标。利用 ArcGIS10.2 对地图进行矢量化，制作出湖南 329 个传统村落的空间分布图，如图 3.5 所示。

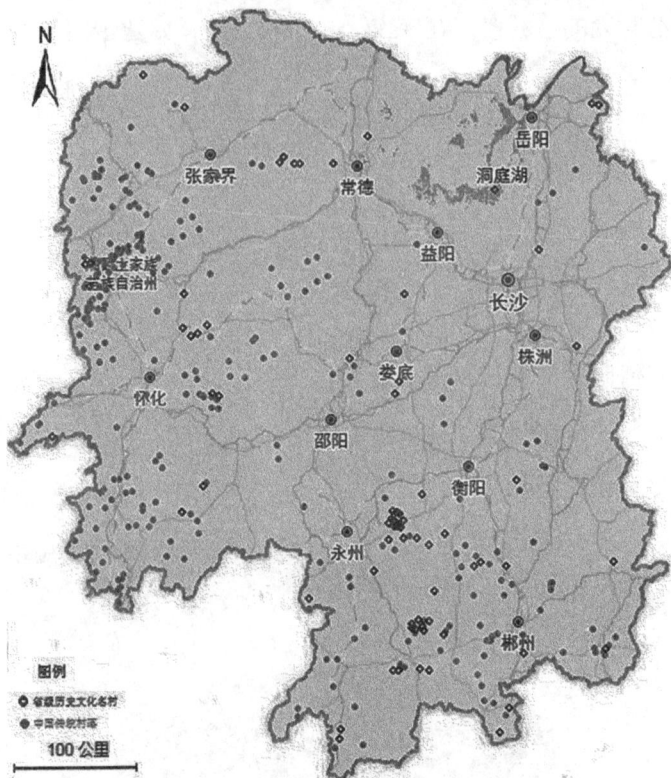

图 3.5　湖南传统村落的整体空间分布

　　由图 3.5 可以看出，湖南传统村落在各地市州的分布很不平衡，西部和南部地区传统村落分布较为密集，而东部和北部地区较为稀疏。从各市州的统计数据看，虽然每个地州市都有传统村落，但数量差距较大，各市州拥有的传统村落数量见表 3.3。数据显示，湘西土家族苗族自治州的传统村落数量居全省之冠，总数达到 85 个，占到全省的 25.84%，其中中国传统村落更是多达 82 个，占全省的比重高达31.91%，接近全省的 1/3，说明不仅数量多，而且品质也很高，从村落空间分布图 3.6 上也可以清楚地看出，湘西州所在区域传统村落高度密集分布；排在第二位的是怀化，传统村落数量多达 64 个，占

全省的 19.45%，拥有的中国传统村落也多达 56 个，仅次于湘西自
治州而排在全省第二位；永州的总量排在全省第三位，共有传统村落
55 个，占全省的 16.72%，但中国传统村落略少，只有 24 个，仅占全
省的 9.34%；而郴州虽然总量排在第四位，共有 39 个传统村落，占
全省的 11.85%，但中国传统村落多达 35 个，全省第三多，占全省
的 13.62%；其后是邵阳和衡阳，传统村落总数分别都是 21 个，占全
省的 6.38%，但是邵阳的中国传统村落数量更多，有 19 个，占全省
的 7.39%，而衡阳的中国传统村落是 15 个，占全省的 5.84%；其他
8 个地市的传统村落数量都不到 10 个，排在最后的是株洲、湘潭，都
只有 2 个传统村落，而长沙也只有 3 个，三者加起来才 7 个，占全省
的比率是 2.13%，中国传统村落更是只有湘潭的 2 个和长沙的 1 个，
一共 3 个，仅占全省的 1.17%，而且株洲和常德两市截至 2017 年还
没有中国传统村落。

表 3.3　湖南各市州的传统村落统计

市州	中国历史 文化名村	中国传统村落	湖南省历史 文化名村	合计	占比 %	排名
长沙市	–	1	2	3	0.91	9
株洲市	–	–	2	2	0.61	10
湘潭市	–	2	1	2	0.61	10
衡阳市	–	15	10	21	6.38	5
邵阳市	2	19	8	21	6.38	5
岳阳市	1	4	3	7	2.13	7
张家界市	–	4	2	6	1.82	8
益阳市	–	9	1	9	2.74	6
常德市	–	–	6	6	1.82	8
娄底市	–	6	5	9	2.74	6
郴州市	1	35	22	39	11.85	4

市州	中国历史文化名村	中国传统村落	湖南省历史文化名村	合计	占比 %	排名
永州市	5	24	51	55	16.72	3
怀化市	4	56	24	64	19.45	2
湘西州	2	82	34	85	25.84	1
全省合计	15	257	171	329	100	

  湖南省传统村落在各市州的分布不均衡状况也可通过各市州传统村落分布密度图直观表达，如图 3.6 所示，图中市域色块的颜色越深，表示区域内分布的传统村落数量越多，分布密度越大；颜色越浅，表示传统村落数量越少，分布密度越疏散。

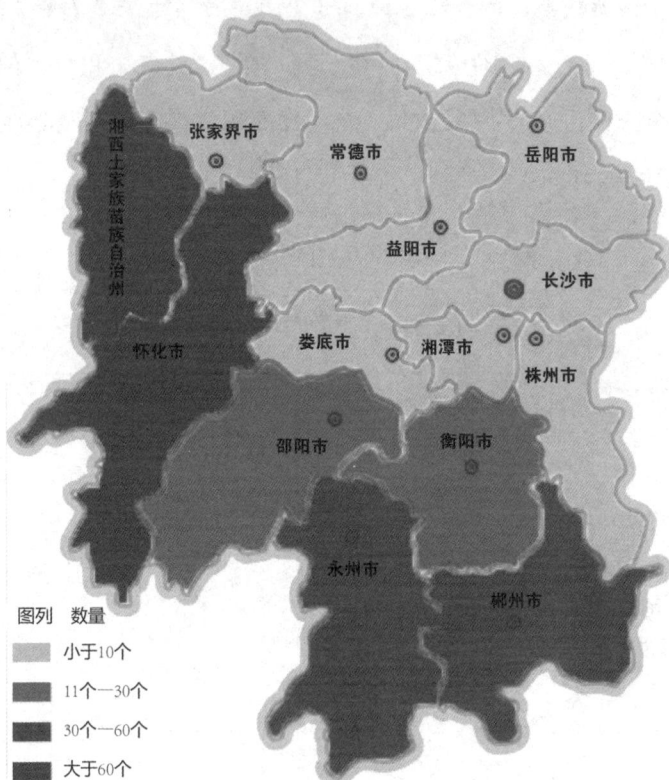

图 3.6　湖南各市州传统村落分布密度

　　湖南传统村落在各市州的不平衡分布进一步还可以用地理集中指数来进行描述。所谓地理集中指数，指的是用来描述区域地理要素集中化程度的相关指标。用公式（李伯华等，2015）[63] 表示为：

$$G = 100 \times \sqrt{\sum_{i=1}^{n} \left(\frac{X_i}{T} \right)^2} \qquad (3.1)$$

　　在式（3.1）中：G 为区域地理要素的地理集中指数；X_i 为第 i 个区域地理要素的数量；T 为区域地理要素的总数；n 为区域总数。G 值越大，区域地理要素的分布也就越集中；而 G 值越小，则分布越分散。通过将表 3.2 的数据代入式（3.1）计算可得，湖南省的传统村落地理集中指数为 39.69，远大于平均分布时的 26.73，也说明湖南传统村落的市州分布比较集中。

　　根据各市州传统村落的数量，制作湖南传统村落在各市州分布的洛伦兹曲线，如图 3.7 所示。从各市州村落分布的洛伦兹曲线进一步可以看出，湖南传统村落主要集中分布在湘西、怀化、永州、郴州、邵阳、衡阳等 6 个地州市，这 6 个地州市的传统村落数量已超过全省的 86%。湘西和怀化这两个地区的传统村落数量相对较多，与其特殊

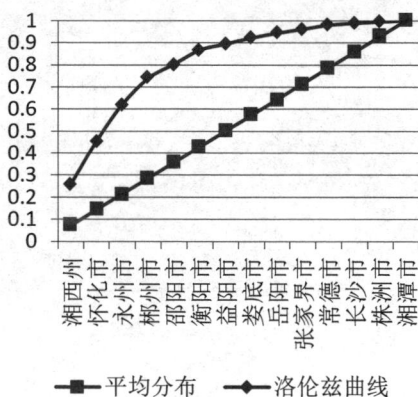

图 3.7　湖南各市州传统村落空间分布的洛伦兹曲线

的区域地理环境条件和少数民族文化背景密不可分。这里处于湘黔交界的武陵山区，大多数村落山高路远，交通闭塞，少数民族聚居，社会经济发展落后，使其大量的村落文化遗产得以保留下来。

（2）区域分布特征。根据湖南省 14 个地州市的地域方位、文化景观因子、区域地理环境条件和经济社会发展水平等因素的不同，本研究把湖南省划分为湘中东、湘北、湘南和湘西等四大地理区域。其中，湘中东地区主要是长沙、株洲、湘潭和娄底等 4 市域；湘北地区主要是岳阳、益阳和常德等 3 市域；湘南地区主要是郴州、永州和衡阳等 3 市域；湘西地区主要是张家界、湘西、怀化和邵阳等 4 地州市域，区域划分如图 3.8 所示。

图 3.8　湖南省地理区域的划分

根据各地的村落统计数据，湖南传统村落的区域分布同样极不平衡，四大地理区域中各自的传统村落具体数量统计见表3.4。在纳入统计的湖南329个历史文化村落和257个中国传统村落中，首先是湘西地区，其数量最多，共有176个历史文化村落，占全省的53.5%，中国传统村落更是多达161个，占全省的比重高达62.65%；其次为湘南地区，共有115个历史文化村落，占全省的34.95%，中国传统村落74个，占全省的28.79%；湘北地区共有22个历史文化村落，占全省的6.69%，中国传统村落13个，占全省的5.06%；湘东地区只有16个历史文化村落，占全省的4.86%，中国传统村落9个，占全省的3.5%。

表3.4 湖南各区域传统村落数量统计

区域	传统村落数量	占比 %	累计的百分比 %
湘西地区	176	53.5	53.5
湘南地区	115	34.95	88.45
湘北地区	22	6.69	95.14
湘中东地区	16	4.86	100
总计	329	100	

为更好地反映各区域传统村落的分布不均衡状况，进一步引入区域不平衡指数加以分析。不平衡指数是用来描述某一要素在各个区域内分布均衡性的评价指标，用公式（李伯华等，2015）[63]表示为：

$$S = \frac{\sum\limits_{i=1}^{n} Y_i - 50 \times (n + 1)}{100 \times n - 50 \times (n + 1)} \qquad (3.2)$$

在式（3.2）中：S代表不平衡指数；n为区域的个数；Yi代表各区域内某一要素在全域内的比重从大到小排列后的至第i位累计的百分比值。不平衡指数S的取值在0~1范围内，当相关要素在各区域内是均匀分布的时候，S=0；若研究对象全部集中在一个区域中，则S=1。

通过将表 3.3 的数据代入式（3.2）计算可得，湖南省历史文化村落在四大区域的不平衡指数 S=0.581，表明传统村落在全省四大区域的分布很不均衡，湘西的比重超过了 50%，湘西和湘南加起来则超过全省的 90%。湖南省传统村落在 4 个区域内的分布差异，与各区域的传统文化、地理环境和经济社会发展水平紧密相关，传统村落主要分布在社会经济发展水平较低的湘西武陵山少数民族聚居区、湘中西部的雪峰山区和湘南的南岭山区几大区域。

五、基本发展现状分析

为了全面地了解湖南传统村落的基本现状，先后从中国传统村落数字博物馆网（http://www.dmctv.cn/）收集了湖南省的 257 个中国传统村落基本信息资料，进行初步分析整理，其中有 8 个村落的基本数据全部缺失，59 个村落存在村集体收入等部分基本数据缺失，另外还有16 个村落的基本数据严重偏离实际，共有 83 个村落的信息有误。将基本信息资料无效的剔除以后，得到湖南省 174 个代表村落的村域面积、村庄占地面积、户籍人口、常住人口、村集体收入和村民年均收入等基本信息资料，下面主要以这 174 个村落作为研究对象进行分析。

通过对 174 个村落的村域面积、村庄占地面积、村集体年收入、村民人均年收入、常住人口与户籍人口以及主要收入来源等基本数据进行描述性统计分析，结果见表 3.4。

表 3.5　湖南传统村落基础数据统计

指标	样本数	最小值	最大值	均值	标准误
村域面积（km2）	174	0.25	38.30	7.42	0.52
村庄占地面积（亩）	174	6.30	2500.00	334.41	34.18

续表

指标	样本数	最小值	最大值	均值	标准误
村集体年收入（万元）	174	0.10	3025.92	57.63	23.56
村民人均年收入（元）	174	650.00	21000.00	4470.57	257.62
户籍人口（人）	174	163.00	3859.00	1308.05	55.47
常住人口（人）	174	140.00	4020.00	1110.42	57.97
有效样本村落（个）	174				

资料来源：中国传统村落数字博物馆网 http://www.dmctv.cn/indexN.aspx?lx=dt

由表 3.5 可知，湖南传统村落的各项基本数据差别较大。其中，村域面积平均值为 7.42 平方千米，面积最大的是益阳市安化县南金乡九龙池村，达 38.3 平方千米，而面积最小的是郴州市汝城县卢阳镇东溪村，村域面积只有 0.25 平方千米，主要是因为九龙池村位于雪峰山区，东溪村则位于县城周边，所以国土面积差别很大；此外，大多数村落的村域面积都小于均值，面积在小于 8 平方千米的村落有 124 个，占总数的 71%。从村庄占地面积看，差别更大，平均值为 334.41 亩，最大面积 2500 亩，是最小面积的近 400 倍。大多数村落的面积在 30~500 亩之间，共有 123 个村落，占统计村落总量的 70%。村集体年收入的差距更大，收入最多的村落一年有 3000 多万元，而有些村落基本没什么集体收入。其中，村集体收入最高的两个村分别是怀化市会同县高椅乡的高椅村和通道县黄土乡的皇都村，这两个村都是在 20 世纪 90 年代就进行了旅游开发，村寨的主要收入来源是旅游收入。高椅村属于村委会自主开发经营，是国家 3A 级旅游景区，而通道县的皇都村采用的是"政府 + 村寨"的开发经营模式，经过多年的建设和发展，现已成为 4A 级景区。村民的人均年收入比较中，居民收入差距也很大，全省的平均水平为 4470.57 元，远远低于全省的人均可支配收入水平，村落居民收入大多数位于 1000~10000 元之间，多达 161 个，占全部村落的 93%，说明传统村落的社会经济发展水平相对较低，居民的收入水平也普遍较低。从村落的人口统计看，村落常住人口的均值为 1110.42 人，而户籍人口的均值为 1308.05 人，常住人口较户籍人口少了 15% 还多，说明传统村落也存在一定程度的空心化问题。

进一步将村落按前述划分的四大区域进行归类，其中，湘南地区的村落 60 个，湘西地区有 103 个，湘北地区有 7 个，湘中东地区有 4 个，样本村落的分布和总体分布基本一致。对上述村落基本数据进行统计分析并做区域比较，结果见表 3.6。

表 3.6　湖南传统村落的区域比较

指标	湘南	湘西	湘北	湘中东	全省
村域面积（平方千米）	5.01	8.82	9.39	5.68	7.42
村庄占地面积（亩）	302.58	322.82	476.79	624.25	334.41
村集体年收入（万元）	9.83	87.09	39.59	47.50	57.63
村民人均年收入（元）	6117.22	3405.01	6063.29	4422.00	4470.57
户籍人口（人）	1444.53	1218.91	1530.29	1167.00	1308.05
常住人口（人）	1256.38	1006.32	1461.14	987.75	1110.42
有效样本村落（个）	60	103	7	4	174

资料来源：中国传统村落数字博物馆网 http://www.dmctv.cn/indexN.aspx?lx=dt

由表 3.6 可知，湘北和湘西地区的村域面积相对较大，而湘中东和湘南地区的村域面积较小，可能也是因为湘西地区的行政区域面积较湘南地区更大，而且山地更多。从村庄占地面积看，湘中东地区的村落占地面积最大，其次是湘北地区，这两个区域经济最发达，而且人口密度相对较大，所以村庄占地面积也更大，湘西和湘南地区则差别不是很大。从收入情况看，村集体年收入最高的是湘西地区，并且其他3个地区的村集体年收入均低于全省平均水平；而湘南的村民人均收入最高，湘西的村民人均收入却是最低的。原因可能是湘西地区的传统村落进行旅游开发的较多，而且大多数村委会自主经营，所以以村集体收入较高；但是村民的收入主要受地方经济发展水平和实力的影响，所以湘西地区村民收入是最低的，湘南地区最高，但和湘北地区差距不大，湘中东地区并非最高，则是因为其村落代表主要是娄底的村落，而娄底的社会经济综合实力在全省的排名也相对较低。

第四节　湖南传统村落保护
与旅游开发调查结果统计分析及区域比较

根据调查回收的257份有效问卷，以下从农户及其家庭的特征、农户房屋的现状、农户感知态度与行为、村落保护状况与旅游开发利用和农户满意度等方面对样本农户的调查结果进行统计分析和区域比较，有效样本总数均为257，其中，湘西地区的样本数为61，湘南地区的样本数为161，湘北地区的样本数为35。

一、传统村落农户及其家庭特征的分析与比较

（1）农户个体特征方面主要涉及性别、年龄、受教育程度、所从事的职业和兼业情况、是否入了"新农合"、是否入了"新农保"等6项内容，调查结果统计见表3.7。

表 3.7　样本农户个人的基本特征

题项	分组	总体		湘西		湘南		湘北	
		频率	%	频率	%	频率	%	频率	%
性别	女	118	45.9	30	11.7	72	28.0	16	6.2
	男	139	54.1	31	12.1	89	34.6	19	7.4
年龄	20 岁以下	15	5.8	5	1.9	9	3.5	1	0.4
	21—39 岁	97	37.7	28	10.9	49	19.1	20	7.8
	40—59 岁	109	42.4	13	5.1	84	32.7	12	4.7
	60 岁以上	36	14.0	15	5.8	19	7.4	2	0.8
文化程度	小学或以下	90	35.0	16	6.2	47	18.3	27	10.5
	初中	95	37.0	19	7.4	70	27.2	6	2.3
	高中或中专	48	18.7	12	4.7	35	13.6	1	0.4
	大专及以上	24	9.3	14	5.4	9	3.5	1	0.4
从事职业	完全务农	88	34.2	30	11.7	51	19.8	7	2.7
	兼农	81	31.5	3	1.2	51	19.8	27	10.5
	非农	37	14.4	13	5.1	23	8.9	1	0.4
	其他	51	19.8	15	5.5	36	14.0	0	0
新农保	没有入	27	10.5	15	5.8	10	3.9	2	0.8
	入了	230	89.5	46	17.9	151	58.7	33	12.8
新农合	没有入	6	2.3	3	1.2	1	0.4	2	0.8
	入了	251	97.7	58	22.6	160	62.3	33	12.8

由表 3.7 中可知，调查样本农户构成中，男性约占 54.1%，女性约占 45.9%，性别比例相对较为均衡；从农户的年龄构成看，本次调研比例最高的是处于 40~60 岁之间的农户，占比为 42.4%，其次是 20~40 岁之间，两者合计占比为 80.1%，说明此次调研的农户都是当地劳动力的主体，是村落发展的主力军；从农户的文化程度来看，村

落被调查农户的受教育程度普遍不高，初中及初中以下合计占比达72%，大专以上的人员比例不到10%，说明传统村落展中面临高素质人才的制约；从职业构成看，完全务农的农户占比最高达34.2%，还有14.4%的农户从事的是非农职业，包括在外地打工、企业老板及无业人员，兼农且部分从事与旅游有关的工作的农户占31.5%，说明样本村落大多数农户仍然以农业生产为主，但旅游开发已较为普遍，也有近1/3的农户不同程度地参与了旅游相关工作，随着当地旅游业的发展，将给村落农户带来更多的就业机会，加快传统农业转型升级，促进农户收入增加，助推乡村振兴；调查结果还表明，有近90%的农户已经购买了"新农保"，而"新农合"的购买比率更是高达97.7%，说明政府的"新农保"和"新农合"政策让农户普遍受益，为农户的生存和发展起到了一定的保障，达到了风险防范的作用，所以备受村落农户的支持和接受。

从区域比较来看，各区域农户的性别特征都与总体性别特征基本一致，加入"新农保"和"新农合"的情况类似，只是湘西地区入了"新农保"的农户占比稍低。此外，湘西地区和湘北地区的调查对象主要是年龄在21~40岁之间的农户，而湘南地区农户的主要年龄段则是41~60岁之间，湘西地区和湘南地区被调查农户的文化程度略高，最多的人群是初中文化水平，湘北地区的文化程度相对较低，最多的是小学文化水平，而且湘西地区各文化层次之间的比例较为均衡。从事职业中，湘北地区兼农比例相对最高，湘西地区则是纯农所占的比例最大，而湘南地区纯农和兼农比例一样，但各种从业形式所占比例差距不大，较为均衡，说明湘北地区村落旅游发展规模较大，能带来更多的就业机会，而湘西地区和湘南地区旅游开发程度相对较低，对当地农户的经济影响不大，当地大多数农户收入的主要来源还是靠传统的种养殖业等。

（2）农户家庭方面的调查主要包括家庭人口数、家庭中从事旅游服务的人数、家庭年旅游总收入、家庭年总收入等 4 项内容，调查结果统计见表 3.8。

表 3.8　样本农户的家庭特征

题项	分组	样本总体 频率	%	湘西 频率	%	湘南 频率	%	湘北 频率	%
家庭人口	1—3 人	44	17.1	11	4.3	28	10.9	5	1.9
	4—6 人及以上	213	82.9	50	19.5	133	51.8	30	11.7
从事旅游服务人数	没人从事	154	59.9	55	21.4	91	35.4	8	3.1
	有 1 人	66	25.7	5	1.9	60	23.4	1	0.4
	有 2 人	27	10.5	1	0.4	8	3.1	18	7.0
	有 3 人	7	2.7	0	0	0	0	7	2.7
	有 4 人及以上	3	1.2	0	0	2	0.8	1	0.4
家庭旅游收入	没有旅游收入	147	57.2	55	21.4	86	33.5	6	2.3
	1 万元及以下	64	24.9	3	1.2	45	17.5	16	6.2
	1 万—2 万元	25	9.7	1	0.4	19	7.4	5	1.9
	2 万—4 万元	16	6.2	1	0.4	10	3.9	5	1.9
	4 万元以上	5	1.9	1	0.4	1	0.4	3	1.2
家庭总收入	2 万元以下	76	29.6	27	10.5	40	15.6	9	3.5
	2 万—4 万元	51	19.8	11	4.3	37	14.4	3	1.2
	4 万—6 万元	94	36.6	15	5.8	60	23.3	19	7.4
	6 万元以上	36	14.0	8	3.1	24	9.3	4	1.6

调查结果表明，超过 80% 的受访农户家庭总人口超过了 4 人，各区域基本一致，主要是农村一直以来都以生二胎为主，夫妻加上子女和老人，家庭人口普遍都在 4 人以上；从家庭从事旅游服务的人数和家庭旅游收入来看，有将近 60% 的家庭没有 1 人参与到旅游经营服务中；仅有 1 人参与的家庭占比仅为 25.7%；有多人参与旅游服务的家庭更是不到 15%。此外，无任何旅游收入的家庭占比 57.2%，家庭旅游收入达到 10000 元以上的占比只有 15.9%，说明目前传统村落旅游开发过程中农户的参与度不是很高，旅游发展规模不是很大，提供的参与机会不是很多，村落发展旅游还没有让大多数农户受益；从农户家庭的年总收入水平进一步可以看出，被调查村落的农户普遍收入较低，每年家庭总收入最多的是在 40000~60000 元之间，有将近 90% 的农户每年的家庭总收入都低于 60000 元，远远低于全省的平均水平。所以，传统村落的经济社会发展水平普遍较低，农户的脱贫之路任务还很艰巨，对村落旅游开发的愿望也更为迫切。

从区域对比看，家庭总人口特征各区域差别不大，而湘北地区家庭从事旅游服务的人数和家庭旅游收入的比例最高，湘南地区其次，湘西最低，说明湘北地区的村落旅游发展更成熟，参与和获益的农户都更多。家庭总收入方面，湘北和湘南分布对多的是 40000~60000 元，但湘西 10000 元以下的比例最高，说明湘西自治州的整体经济实力比较弱，农户家庭收入水平都很低。

二、传统村落农户房屋现状调查结果分析

农户房屋方面的调查内容包括农户拥有房屋的面积、房屋的产权登记情况、房屋的修缮维护情况以及房屋目前的状况等 4 项，调查结

果统计见表3.9。

由表3.9可知，农户的房屋面积普遍都不大，大多在50平方米到160平方米之间，占比达75.1%，而且91.8%的农户房屋都已明确登记了产权，不太大的房屋面积和明晰的房屋产权有利于房产权属的交易，也便于对村落旅游开发进行资本化运作；从房屋的现状和维修情况看，有29.6%的房屋存在屋顶渗漏、墙面裂缝或虫蛀腐烂等问题，还有41.6%的房屋受损较为严重，保存较为完好的房屋并不多；此外，对于破损的房屋，有66.5%都是农户自己进行维修的，还有11.7%的房屋从来没有修缮过或已被拆除，政府投资维修的比例仅为21.8%，说明随着社会经济的发展变迁，大量传统村落正面临消亡，政府已开始重视对村落文化遗产的保护，特别是从2014年起，每年都有一些中国传统村落被纳入中央财政支持计划，能获得300万元左右的保护资金，对传统村落的保护发挥了重大作用，使得一些濒临消亡的村落得以延续。但由于需要保护的村落实在太多，而且村落修缮投入巨大，所以看起来数量不小的财政支持资金对传统村落保护的巨大需求来说依然是杯水车薪，急切需要传统村落强化自身的功能，在保护的前提下加以开发利用，增强自身的新陈代谢，实现传统村落的活态化保护。

表3.9 样本农户房屋信息

题项	分组	样本总体		湘西		湘南		湘北	
		频率	%	频率	%	频率	%	频率	%
房屋产权是否已登记确认	没有登记	21	8.2	2	0.8	16	6.2	3	1.2
	明确登记	236	91.8	59	23.0	145	56.4	32	12.5

题项	分组	样本总体		湘西		湘南		湘北	
		频率	%	频率	%	频率	%	频率	%
房屋面积	50m² 以内	17	6.6	2	0.8	13	5.1	2	0.8
	50—100m²	115	44.7	30	11.7	84	32.7	1	0.4
	101—160m²	78	30.4	18	7.0	53	20.6	7	2.7
	160m² 以上	47	18.3	11	4.3	11	4.3	25	9.7
房屋维修状况	已拆旧翻新	12	4.7	2	0.8	4	1.6	6	2.3
	从未修缮	18	7.0	3	1.2	7	2.7	8	3.1
	个人维修	171	66.5	54	21.0	98	38.1	19	7.4
	政府维修	56	21.8	2	0.8	52	20.2	2	0.8
房屋现状	老宅拆除	33	12.8	7	2.7	21	8.2	5	1.9
	房屋损坏	107	41.6	12	4.7	88	34.2	7	2.7
	渗漏裂缝等	76	29.6	8	3.1	46	17.9	22	8.6
	其他	41	16.0	34	13.2	6	2.3	1	0.4

通过对各区域的数据进行对比研究发现，各地区的房屋基本都已进行了产权登记，产权关系较为明确。同时，各地的老房子都存在一定程度的损坏，房屋维修都是自己维修的比例最高，这些特征与总体情况一致，区域之间差异不大，只是在房屋面积上，湘北的面积较大。

三、传统村落农户感知、态度与行为区域比较分析

农户的感知、态度与行为方面的调查，主要涉及对村落旅游开发与保护的农户行为响应、村落旅游开发的农户参与意向、控制认知、行为态度、主观规范、以村落为家的感受、对村落的关注程度、是否想搬离现在的居住地、对旅游开发带来的积极影响的感知和消极影响

的感知等 10 项内容的调查。

（1）农户行为响应、行为意向、行为态度、主观规范、控制认知等 5 个题项参考阿杰恩（Ajzen，1991)提出的计划行为理论进行设置，而旅游开发的农户响应主要调查农户对旅游开发的支持和参与决策，其调查结果统计见表 3.10。

表 3.10 的调查结果显示，仅有 0.4% 认为"为了保护历史文化遗产的原真性，我坚决不同意进行旅游开发"，15.6% 的农户持无所谓的态度，即"开发也可以，不开发也可以"，有 24.9% 的农户无条件支持旅游开发，还有 59.1% 的农户对村落旅游开发的态度是积极，认为"如果有利于保护历史文化遗产，改善本地经济条件，我支持旅游开发，否则我不同意进行旅游开发"，表明大多数农户对村落旅游开发持积极态度，支持并愿意参与到村落旅游开发中来。

表 3.10　样本农户的心理特征

题项	分组	样本总体		湘西		湘南		湘北	
		频率	%	频率	%	频率	%	频率	%
对旅游开发的农户行为响应	坚决不同意	1	0.4	1	0.4	0	0	0	0
	无所谓	40	15.6	24	9.3	15	5.8	1	0.4
	选择性支持	152	59.1	26	10.1	98	38.1	28	10.9
	无条件支持	64	24.9	10	3.9	48	18.7	6	2.3
旅游开发参与意愿	非常微弱	4	1.6	2	0.8	2	0.8	0	0
	比较微弱	19	7.4	11	4.3	5	1.9	3	1.2
	一般	68	26.5	20	7.8	26	10.1	22	8.6
	比较强烈	91	35.4	21	8.2	64	24.9	6	2.3
	非常强烈	75	29.2	7	2.7	64	24.9	4	1.6

续表

题项	分组	样本总体		湘西		湘南		湘北	
		频率	%	频率	%	频率	%	频率	%
行为态度	很不积极	2	0.8	1	0.4	1	0.4	0	0
	比较不积极	10	3.9	4	1.6	4	1.6	2	0.8
	一般	38	14.8	15	5.8	10	3.9	13	5.1
	比较积极	84	32.7	29	11.3	40	15.6	15	5.8
	非常积极	123	47.9	12	4.7	106	41.2	5	1.9
主观规范	很不支持	0	0	0	0	0	0	0	0
	比较不支持	5	1.9	2	0.8	1	0.4	2	0.8
	一般	46	17.9	20	7.8	9	3.5	17	6.6
	比较支持	105	40.9	30	11.7	61	23.7	14	5.4
	非常支持	101	39.3	9	3.5	90	35.0	2	0.8
知觉行为控制	非常困难	5	1.9	1	0.4	3	1.2	1	0.4
	有障碍	28	10.9	10	3.9	13	5.1	5	1.9
	一般	83	32.3	31	12.1	37	14.4	15	5.8
	没问题	114	44.4	13	5.1	89	34.6	12	4.7
	肯定没问题	27	10.5	6	2.3	19	7.4	2	0.8

另外，4个变量的结果分别由几个相关题项调查结果取平均值而得到，每个题项都设置为李克特五级量表，结果表明，农户参与村落旅游开发的行为意向较为强烈，有54.6%的农户认为"有条件打算参与旅游开发经营或打算把现有的房屋出租出去或有合适的企业愿意从事旅游服务工作"，还有35.1%的农户对参与村落旅游开发的行为意向是一般，仅有9%的农户持有消极倾向；行为态度下包括"我认为旅游开发对传统村落的保护与改善当地居民生活都有好处"、"旅游开

发对我家是有利的，我赞成"和"旅游开发对村里经济发展是有好处的，我支持"等 3 个题项，结果显示，持积极态度的占 80.6%，一般的占 14.8%，仅有 4.7% 的农户态度不积极；主观规范下的题项包括"我的家人支持旅游开发""我的亲戚朋友认为旅游开发是有好处的""我们村德高望重的人士支持旅游开发""周围邻村的人认为村落旅游开发将会给家庭带来好处""其他已经进行旅游开发的村民认为旅游开发是有好处的"等，结果表明对农户决策有影响的重要他人有 80.2% 的对旅游开发持积极倾向，仅有 1.9% 的参考群体不支持旅游开发；控制认知表明农户自身的经验和能力对其行为产生的影响，包括"我们家有人对旅游业比较熟悉，知道如何经营旅游服务""我们家是否参与旅游开发经营由我们家自己说了算""如果我们家想经营旅游服务，就一定能找到合适的参与方式"等 3 个题项，结果表明，有积极影响的农户超过 50%，达 54.9%，受到消极影响的农户也只有 12.8%，影响中性的接近 1/3，说明如果要进一步提高支持度和参与度需帮助农户进一步提高从事旅游经营服务的知识和技能。从各区域来看，行为响应相对最积极的是湘南地区，最不积极的则是湘西地区；参与旅游开发的行为意向和行为态度最强烈的都是湘南地区，湘北地区意向最为微弱；主观规范是指来自参考群体的压力湘南地区感知到的压力最小，湘北地区感知到的压力则最大；知觉行为控制是指对自身经验知识能力的感知，也是湘南地区对自己参与旅游服务的各项知识和技能最有把握，湘北地区则认可度最低。

（2）村民以村落为家的感受、对村落的关注度、想搬离现住所的意愿等题项的调查结果见表 3.11。

表3.11 样本农户对村落的感知

分组		样本总体		湘西		湘南		湘北	
		频率	%	频率	%	频率	%	频率	%
以村落为家的感受	非常弱	2	0.8	1	0.8	0	0	1	0.4
	比较弱	6	2.3	1	0.8	1	0.4	4	1.6
	一般	97	37.7	38	14.8	35	13.6	24	9.3
	比较强	85	33.1	16	6.2	65	25.3	4	1.6
	非常强	67	26.1	5	1.9	60	23.3	2	0.8
对村落的关注度	非常低	3	1.2	1	0.4	2	0.8	0	0
	比较低	11	4.3	3	1.2	3	1.2	5	9.7
	一般	92	35.8	38	14.8	33	12.8	21	8.2
	比较高	85	33.1	11	4.3	67	26.1	7	2.7
	非常高	66	25.7	8	3.1	56	21.8	2	0.8
想搬离现住所意愿	非常想	3	1.2	1	0.4	1	0.4	1	0.4
	比较想	53	20.6	11	4.3	33	12.8	9	3.5
	一般	90	35.0	25	9.7	54	21.0	11	4.3
	不很想	98	38.1	17	6.6	68	26.5	13	5.1
	非常不想	13	5.1	7	2.7	5	1.9	1	0.4

从农户以村落为家的感受看，有超过40%的农户这样的感受并不是很强烈，对村落比较关注的农户也还不到60%，还有超过20%的农户很想搬离现在的住所，所以，农户和村落之间的联系并不是十分紧密。以村落为家的感受最强烈的是湘南地区，最弱的是湘北地区；对村落的关注度最高的是湘南地区，最低的是湘北地区；最不想搬离现住所的是湘西地区，最想搬离现住所的是湘北地区。

（3）对于村落旅游开发带来的影响感知，对正面影响感知最深的是增加收入、提高生活水平与带来更多的就业机会等，分别有 42.8%、35.8%、25.7% 的农户选择了这 3 个选项，其他还有 15% 左右的农户认为村落旅游开发能加快新村建设、促进文化交流、保护历史遗迹和增强环保意识；负面影响感知最深的是交通拥挤、增加污染、生活成本增加和破坏自然环境，选择的农户分别占 42.4%、29.2%、27.2% 和 23.3%，而大多数农户并不认为村落旅游开发会带来犯罪率的提高，只有 3.5% 的农户持有这种看法。

四、传统村落保护与旅游开发现状调查结果分析

村落保护与旅游开发方面的调查包括政府是否制定了旅游规划、旅游开发是否按规划实施、政府是否出台过相关保护措施、政府是否投入过资金进行保护与开发、交通等基础设施条件、村落的开发经营模式、村民是否参与旅游开发的民主决策、对村落发展规划是否了解、村落整体保护状况、村落存在哪些问题、如何加强村落保护等 11 个题项。

（1）通过实地调查了解到，10 个样本村落在省内都属于旅游开发较早的，除了绥宁县的大园村外，其余 9 个村落中，岳阳的张谷英村和郴州的板梁古村已成功晋升国家 4A 级旅游景区，另外 7 个村落则全都是国家 3A 级旅游级景区，所以也都制定和出台了一些相关的规划和保护政策措施，在国家大力传承和弘扬中华优秀传统文化，以及实施精准扶贫和全面建成小康社会的战略背景下，地方政府对传统村落的保护和开发利用也极为重视，先后对这些资源品质较高的村落投入过数千万元，甚至上亿的资金，村落的交通条件和基础设施得到了很好的改善，古村落进行旅游开发已然是近年来乡村县域经济发展的一种

趋势和潮流。在传统村落的旅游开发过程中，无论是基础设施建设的投入，还是招商引资进行开发，都离不开政府的主导作用，政府是传统村落保护与旅游开发资金的主要来源之一。但由于各区域实际发展情况的不同，村落旅游开发的经营模式也各有差异。目前，大多数村落旅游都是村委会自主开发经营，如高椅、龙溪、上甘棠、谈文溪等村莫不如此；板梁村由村委会成立旅游公司负责开发经营，但因公司实力有限，近年来的发展也难说很成功；上甘棠村曾经进入企业投资开发，但后来企业撤资了，目前依然由村委会自主开发经营；阳山古村原来是村委会自主经营，现在已引入企业资金参与开发；张谷英村是企业承包经营，是湖南传统村落旅游开发中最为成功的例子，目前已经运行了 10 多年，但其成功源于资源品质高、企业实力强，最重要的还是有岳阳县政府的大力扶持；大园村虽然有一定的知名度，但由于区位相对较偏远，目前主要是当地的个人进行相关经营；而常宁市中田村是周边的中国印山和财神洞景区的补充，相关保护和开发管理工作主要由常宁市政府组织开展。

（2）村民参与旅游决策情况、对旅游规划是否了解等题项的调查结果见表 3.12。

表 3.12　样本农户对村落旅游开发的决策参与权和知情权

		样本总体		湘西		湘南		湘北	
	分组	频率	%	频率	%	频率	%	频率	%
参与旅游决策情况	从未听说过	51	19.8	33	12.8	13	5.1	5	1.9
	听过未参与	153	59.5	22	8.6	106	41.5	25	9.7
	象征性参与	38	14.8	4	1.6	32	12.5	2	0.8
	主要决策者	15	5.8	2	0.8	10	3.9	3	1.2

分组		样本总体		湘西		湘南		湘北	
		频率	%	频率	%	频率	%	频率	%
对规划是	否	127	49.4	45	17.5	53	20.6	29	11.3
否了解	是	130	50.6	16	6.2	108	42.0	6	2.3

由表 3.12 中的数据可知，有高达 79.3% 的农户从未参与过旅游开发决策，仅有 14.8% 的农户象征性参与过，而真正参与决策的只有 5.8%，他们基本上是村委会干部。另外，有近 50% 的农户对村落的旅游规划不了解，说明农户在旅游开发中的参与权、知情权、决策权等基本权利得不到保障，很大程度上将会影响农户参与村落保护与旅游开发的积极性和主动性，进一步又将会影响村落的可持续发展。从各区域看，湘南地区参与决策情况和对规划了解的比例都是最高的，湘西和湘北的比例都较低。

对于传统村落保护存在哪些问题的认知，认为"缺少资金，保护力度不够""宣传不够，民众保护意识不足""规划不合理，相关政策、法律不健全""相关保护及修复技术不完善"的较多，此外还有农户认为存在"环境变化加快传统村落的毁坏进程""监管不力，强拆、违拆现象严重""住房建设与古村落保护冲突"，以及"房屋产权转让困难"等诸多问题。

而有关如何加强村落的保护的问题，大多数的农户认为应该"加大政府的投入，保护传统村落原貌""加强传统村落基础设施的建设和周边环境的整治""发展旅游业，促进传统村落保护""制定地方性政策法规，加强传统村落保护"，只有少部分农户认为还可以"通过房地等资源的产权转让等方式吸收社会资金进行保护"。

五、传统村落农户满意度调查结果分析

农户满意度的调查主要涉及家庭参与旅游业情况、旅游收入分配、权力分配、村落整体保护情况、村落旅游开发情况，以及村落保护和旅游开发整体感知等 6 个方面的满意度，调查结果统计见表 3.13。

表 3.13　样本农户的满意度

题项	分组	样本总体		湘西		湘南		湘北	
		频率	百分比	频率	百分比	频率	百分比	频率	百分比
旅游参与情况满意度	非常不满意	10	3.9	6	2.3	3	1.2	1	0.4
	比较不满意	27	10.5	15	5.8	10	3.9	2	0.8
	一般	91	35.4	35	13.6	35	13.6	21	8.2
	比较满意	90	35.0	2	0.8	77	30.0	11	4.3
	非常满意	39	15.2	3	1.2	36	14.0	0	0
旅游收入分配满意度	非常不满意	18	7.0	9	3.5	7	2.7	2	0.8
	比较不满意	43	16.7	17	6.6	18	7.0	8	3.1
	一般	84	32.7	32	12.5	31	12.1	21	8.2
	比较满意	97	37.7	2	0.8	91	35.4	4	1.6
	非常满意	15	5.8	1	0.4	14	5.4	0	0
权力分配满意度	非常不满意	20	7.8	10	3.9	9	3.5	1	0.4
	比较不满意	38	14.8	16	6.2	14	5.4	8	3.1
	一般	84	32.7	33	12.8	33	12.8	18	7.0
	比较满意	94	36.6	1	0.4	85	33.1	8	3.1
	非常满意	21	8.2	1	0.4	20	7.8	0	0

续表

题项	分组	样本总体		湘西		湘南		湘北	
		频率	百分比	频率	百分比	频率	百分比	频率	百分比
村落整体保护满意度	非常不满意	6	2.3	5	1.9	1	0.4	0	0
	比较不满意	60	23.3	11	4.3	40	15.6	9	3.5
	一般	12	4.7	12	4.7	0	0	0	0
	比较满意	170	66.1	32	12.5	115	44.7	23	8.9
	非常满意	9	3.5	1	0.4	5	1.9	3	1.2
村落旅游开发满意度	非常不满意	5	1.9	4	1.6	1	0.4	0	0
	比较不满意	22	8.6	14	5.4	6	2.3	2	0.8
	一般	90	35.0	29	11.3	33	12.8	28	10.9
	比较满意	97	37.7	12	4.7	82	31.9	3	1.2
	非常满意	43	16.7	2	0.8	39	15.2	2	0.8
村落保护与开发总体满意度	非常不满意	8	3.1	6	2.3	2	0.8	0	0
	比较不满意	24	9.3	15	5.8	6	2.3	3	1.2
	一般	79	30.7	30	11.7	27	10.5	22	8.6
	比较满意	97	37.7	10	3.9	79	30.7	8	3.1
	非常满意	49	19.1	0	0	47	18.3	2	0.8

第五节　本章小结

　　本章基于湖南传统村落的基本统计资料和农户的问卷调查统计数据，首先对研究区域的社会经济和自然地理环境背景条件进行了分析，其次对本课题的调研方案设计和调研的实施进行了详细阐述，然后对湖南省传统村落的总体特征进行了分析总结和区域比较分析，最后对问卷调查数据进行了分类整理和统计分析，进一步分析了区域之间的异同。通过本章研究，可以得出以下结论：

（1）湖南传统村落旅游资源丰富，交通区位优越，社会经济综合实力较强，为传统村落的乡村旅游开发奠定了坚实的基础，也表明课题研究的意义所在。

（2）本调查研究所选的样本村落有一定的代表性，区域覆盖了湖南传统村落集中分布的湘西和湘南，湘北也调查了一个村落；而且样本村落都不同程度的进行了相应的旅游开发，所以比较典型。

（3）通过区域比较分析，深入了解湖南传统村落的特征。湖南传统村落数量众多，中国传统村落的数量在全国更是名列三甲；类型丰富，主要有汉族村寨和以苗、侗、瑶、土家等为主的特色少数民族村寨，少数民族村寨也主要分布在湘西地区；村落形成时间最早可追溯到唐代，但以明清时期的村落最多；空间分布极不均匀，从区域分布看，湘西地区传统村落最多，湘南地区其次，湘中东地区最少，从市州分布看，湘西地区的数量最多，其次是怀化和永州，最少的是株洲和湘潭。从村域面积看，湘北地区和湘西地区的村域面积较大，而湘中东地区和湘南地区的村域面积较小；从村庄占地面积看，湘中东地区的村落占地面积最大，其次是湘北地区，湘西和湘南地区则差别不是很大；从收入情况看，村集体年收入最高的是湘西地区，而湘南地区村民人均收入最高，湘西地区的村民人均收入却是最低。原因可能是湘西地区的传统村落进行旅游开发的较多，而且大多数村委会自主经营，所以村集体收入较高；但是村民的收入主要受地方经济发展水平和实力的影响，所以湘西地区村民收入是最低的，湘南地区最高，但和湘北地区差距不大，湘中东地区并非最高，则是因为其村落代表主要是娄底的村落，而娄底的社会经济综合实力在全省的排名也相对较低。

（4）根据调查回收的257份有效问卷，对农户及其家庭的特征、农户房屋的现状、农户感知态度与行为、村落旅游开发与保护状况和农户对村落保护与开发的满意度等方面对问卷调查数据进行了描述性分析，并进行了区域比较分析，了解与农户行为相关的所有影响因素全貌和区域差异，为后面进行传统村落保护与旅游开发的农户行为响应及其影响因素分析、农户满意度和行为响应之间的结构方程模型分析做好数据准备。

CHAPTER

第四章

传统村落保护与旅游开发的三方博弈分析

　　传统村落保护与旅游开发的过程中涉及众多的利益主体，主要有各级政府部门、旅游开发商、村落所在社区及当地农户等。传统村落保护与旅游开发的过程本身就是一个不同利益主体之间博弈的行为过程，利用博弈论方法深入分析不同利益主体的行为，以及他们之间的博弈关系，解释农户的行为表现，对促进传统村落的有效保护和合理开发利用，实现传统村落的可持续发展具有重要的意义。传统村落保护与旅游开发过程中的博弈行为主要涉及地方政府、村落农户和旅游开发商，是典型的三方博弈。而对于三方博弈行为的研究，已有许多学者关注，代表性的研究有，柯水发（2007）对农户参与退耕还林过程中中央政府行为、地方政府行为、农户行为的博弈分析研究[289]。刘甜等（2018）利用三方博弈模型，对农作物秸秆产业的发展进程中政府、企业与农户的行为展开了分析[290]。赵德宝（2018）对规模养殖污染治理中地方政府、规模养殖企业、下游农户三方博弈行为的研究[291]。张学龙等（2018）主要探讨了新能源汽车领域的发展过程中中政府、企业与消费者的行为博弈[292]。翟运开等（2018）关于远程医疗发展进程中的政府、医院和患者行为策略的博弈研究[293]。杨梅等（2018）基于当地政府、开发商、当地农民之间的博弈对传统村落旅游利益分配 U 型关系的分析研究[294]，等等。因此，本章在借鉴前人研究成果的基础上，应用博弈论的思想和研究方法，基于地方政府、旅游开发商、村落农户三方动态博弈，对传统村落保护与旅游开发过程中的地方政府扶持行为、旅游开发商经营策略选择行为和农户支持参与行为三者之间的演化博弈进行分析，深入剖析传统村落保护与旅游开发的农户行为响应机理。

第一节　三方博弈模型假设

传统村落是一个复杂的动态系统，传统村落保护与旅游开发涉及多个部门且与多个利益主体相关。一方面，传统村落的保护与旅游开发利用，是以农业、工商业和现代服务业等多个行业的发展为基础；另一方面保护发展过程中也离不开政府、旅游开发商和村落农户等多个利益主体的积极参与。传统村落的保护与旅游开发利用进程，实际上就是其三大利益相关者——地方政府、旅游开发商和农户之间相互博弈的过程，三大利益主体博弈行为策略的选择，将直接影响着传统村落旅游的保护与开发利用。传统村落保护与旅游开发中各利益主体之间的博弈属于多方参与的复杂动态博弈过程，在这个博弈的进程中，旅游开发商为了自身利益最大化，一般不愿主动出资去保护村落文化遗产和改善生态环境，甚至存在对传统村落旅游过度商业化开发，导致村落景观被破坏的情况，打破乡村宁静淳朴的生活，损害了村落农户的利益，导致农户和旅游开发商之间的矛盾冲突。政府出于对公共资源的保护和促进地方经济发展的考虑，会对传统村落的保护发展加以扶持，但由于财力的限制和职能原因，这种投入远远满足不了需要，更需要汇聚各方力量参与保护和开发利用。同时，随着村落旅游业的发展，将创造出更多的经济效益，如果分配不合理，村民会产生不平衡感，农户会对旅游开发商的行为产生不满，抵制旅游活动正常开展，甚至出现反抗等过激行为，以争取更多的利益。旅游开发商会根据地方政府和当地农户的行为来决定其采取什么样的经营模式和利益分配方式。为了简化分析，本研究结合传统村落保护与旅游开发过程中的实际情况，以地方政府、旅游开发商和村落农户三大利益主体为研究对象，并提出以下研究假设：

假设一：局中人假设。参与博弈的局中人包括地方政府、村落农户和旅游开发商三方，局中人都是有限理性的经济人，局中人在相互博弈的过程中通过不断试错和学习，调整自己的策略，其目标都是自身利益最大化，最终实现均衡。

假设二：博弈类型和博弈次序假设。三方博弈模型属于完全信息下的动态博弈模型，即政府、旅游开发商与农户彼此之间都对对方的行为策略集和收益函数等有关信息非常了解，不存在信息障碍。博弈的次序是政府、旅游开发商、农户，即先由政府制定传统村落保护和开发利用的政策，然后旅游开发商通过政府的招商引资牵线搭桥而成为传统村落的开发者和经营管理者，并制定相应的经营管理策略，最后农户根据村落旅游开发情况和自身的利益诉求，做出是否支持参与村落保护与旅游开发的决策。

假设三：局中人的博弈策略假设。在传统村落保护与旅游开发三方演化博弈中，对局中人的博弈策略选择假设如下：

第一，政府的博弈策略。政府主要采取两种策略：一是扶持策略。政府作为公众利益的代表，在传统村落保护与旅游开发过程中通过制定政策法规、对政策的实施进行监督考核，以及财政资金投入、技术指导、人员培训等履行职能，获得经济、社会、文化和生态环境等综合收益，带来整个社会福利的增加；二是不扶持策略。即政府不对传统村落保护与旅游开发采取任何措施，但政府为了保护村落遗产和优秀传统文化等公共资源需要支付更多的保护资金，这些资金支出远多于对传统村落保护与旅游开发进行扶持的投入。

第二，旅游开发商的博弈策略。旅游开发商在博弈中可能采取两种策略：一是完全利己策略。开发商都是以营利为目的的企业组织，在传统村落旅游开发进程中，旅游开发商的目标就是利用其资本、技术等优势，再以低价获取传统村落的经营权和土地使用权，实现其自身的经济利益最大化。为此，一方面，旅游开发商经常以权钱交易等不正当手段，从当地政府那里获得土地使用权、开发经营权、信贷资金等旅游发展所必需的基础性资源，并要求政府为其创造有利的政策环境。另一方面，开发商因为有着技术资源和资本优势，他们在村落保护与旅游开发中处于强势地位，也会充分利用这种优势在传统村落利益分配中占有更高的份额。而旅游开发商的这种行为，将严重损害其他相关利益主体的利益，因此会受到政府的各种限制和村落农户的抵制甚至反抗。二是收益共享策略。旅游开发商出于对当地农户反抗和政府处罚的忌惮，以及从其自身长远利益考虑，也会与其他利益主体分享一部分利益，用来加强传统村落的保护和改善农户的生产生活条件，激发村落农户参与保护与旅游开发的主动性和积极性，最终实现各相关利益主体的共赢。

第三，村落农户的博弈策略。在由旅游企业开发经营的传统村落保护与旅游发展进程中，村落农户在博弈中有两种策略：一是支持并积极参与传统村落的保护与旅游开发，传统村落中的农户，是村落的主人，如果能合理分享村落旅游发展收益，他们将支持并积极参与村落的保护与旅游开发，农户的支持和积极参与将有助于推动传统村落遗产的有效保护并实现其旅游可持续发展；二是不支持不参与甚至对旅游开发商的传统村落保护与旅游开发行为进行反抗，当村落农户利益得不到重视，甚至受到损失的时候，他们将不会支持村落的保护与旅游发展行为，或者消极冷漠，或者选择外出而导致村落空心化，甚至暴力反抗，导致各相关利益主体的利益都将受损，最终还将严重破坏传统村落的保护与旅游可持续发展。

第二节　博弈模型相关参数设置

根据前述假设分析，地方政府的博弈策略为扶持、不扶持；旅游开发商的博弈策略为完全利己、收益共享；村落农户的博弈策略选择为支持参与、不支持不参与。为了研究各博弈策略组合下地方政府、旅游开发商与村落农户三者的支付函数，根据传统村落保护与旅游开发过程中各方参与实际情况，本研究对博弈模型相关参数设置如下：

第一，假设政府选择扶持策略的概率为 p_1（$0 < p_1 < 1$），即政府通过提供财政资金支持和制定相关政策等方式扶持传统村落保护与旅游开发，其中当开发商采取收益共享策略时，给予开发商的补贴为 S_1，补贴形式包括税收优惠或减免、遗产保护资金支持、土地优惠政策、基础设施建设等，如果开发商采取完全利己策略，将使各方利益受损，政府不予补贴；当农户支持并参与传统村落保护与旅游开发时，对农户的补贴为 S_2，补贴形式包括房屋维修资金补助、技术支持和培训等，如果农户不支持、不参与，则不进行补贴。同时，模型假设 W_1 为政府扶持传统村落保护与旅游开发时获得的社会福利，W_0 为政府不扶持但开发商或村民对传统村落进行保护与旅游开发时获得的社会福利。

第二，假设开发商对传统村落的经营管理选择完全利己的概率是 p_2（$0 < p_2 < 1$），当旅游开发商完全利己时，它的收益为 R_1，运营成本为 C_1（包括正常的运营成本和寻租成本等）。当旅游开发商选择收益共享策略时，它的收益是 R_0（$R_1 > R_0$），旅游开发商的运营成本是 C_0（此时的运营成本只是旅游开发商正常经营的成本，故 $C_1 > C_0$）。如果政府不扶持，村落农户也不支持，旅游开发商将无法获得传统村落的旅游开发经营权，此时收益为 0。

第三，假设村落农户支持并积极参与传统村落保护与旅游开发的概率为 p_3（$0 < p_3 < 1$），此时，农户的全部生产成本为 E_1（包括基本生产性支出和投入到村落保护与旅游经营服务的支出），农户获得的效用为 V_1。当农户不支持传统村落保护与旅游开发时，农户支付的全部生产成本为 E_0，获得的效用为 V_0（农户因参加村落旅游经营服务，非农收入增加，最终家庭总收入增加，因此总效用也相应增加了，故

$V_1 > V_0$），如果旅游开发商采取的是收益共享策略，农户采取不支持也不参与策略时的收益为 0。

第四，假设如果没有政府的扶持，并且旅游开发商选择完全利己策略，此时，如果村落农户的策略是支持，表示农户对村落进行自主开发和经营管理，此时政府的收益是 W_0，旅游开发商的收益是 0。如果农户的策略是不支持，表示所有利益主体都没有对传统村落进行保护和旅游开发，收益全都为 0。如果旅游开发商选择完全利己策略，政府和村落农户的利益都将受到损害，设各自的损失分别为 D_1 和 D_2，同时由于利益受损将引起农户对开发商的不满，开发商将面临着农户反抗的风险，开发商因农户反抗产生的损失为 L_1，农户进行反抗的成本为 L_2，农户反抗后获得的额外收益为 A_0（$A_0 > L_2$）。

第三节　博弈模型建构

根据以上的分析与假设，构建了地方政府、旅游开发商与村落农户三方博弈过程的博弈树来直观表达博弈模型，三方参与的动态博弈树如图 4.1 所示。

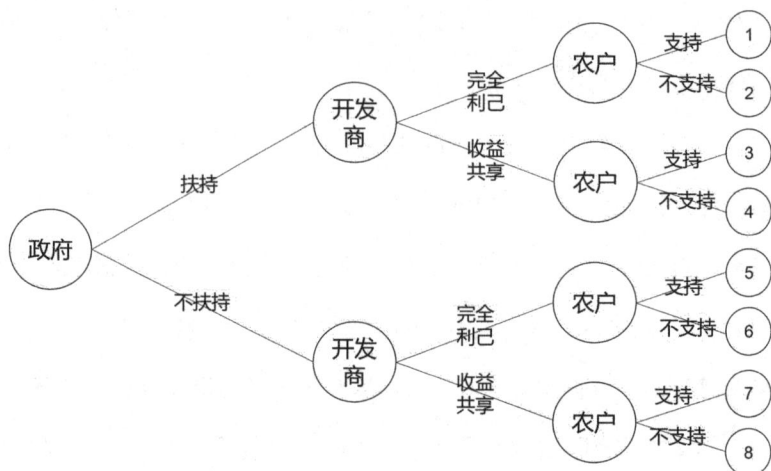

图 4.1 政府、开发商、农户三方博弈树

　　根据博弈模型假设和博弈树的博弈过程可知，地方政府、旅游开发商、村落农户三方博弈的过程中会形成 8 种不同的策略选择组合，通过分析参与人不同的策略组合，得出地方政府、旅游开发商和村落农户三方的收益矩阵，见表 4.1。

表 4.1 政府、开发商、农户的收益矩阵

序号	局中人的策略组合 （政府，开发商，农户）	局中人的收益函数		
		政府收益	开发商收益	农户收益
1	（扶持，完全利己，支持）	$W_1-S_2-D_1$	R_1-C_1	$V_1-E_1+S_2-D_2$
2	（扶持，完全利己，不支持）	W_1-D_1	$R_1-C_1-L_1$	$A_0-L_2-D_2$
3	（扶持，收益共享，支持）	$W_1-S_1-S_2$	$R_0-C_0+S_1$	$V_1-E_1+S_2$
4	（扶持，收益共享，不支持）	W_1-S_1	$R_0-C_0+S_1$	0
5	（不扶持，完全利己，支持）	W_0	0	V_1-E_1
6	（不扶持，完全利己，不支持）	0	0	0
7	（不扶持，收益共享，支持）	W_0	R_0-C_0	V_1-E_1
8	（不扶持，收益共享，不支持）	0	0	0

第四节　博弈模型均衡分析

一、博弈模型分析

通过对地方政府、旅游开发商、村落农户三方不同策略组合下的收益矩阵分析，可进一步得出地方政府、旅游开发商和村落农户的期望效用函数，分别记为 U_1、U_2 和 U_3。

（1）地方政府的期望效用函数记作 U_1，根据收益矩阵表 4.1 可知：

$U_1=p_1p_2p_3(W_1-S_2-D_1)+p_1p_2(1-p_3)(W_1-D_1)+p_1(1-p_2)p_3(W_1-S_1-S_2)+p_1(1-p_2)(1-p_3)(W_1-S_1)+(1-p_1)p_2p_3W_0+(1-p_1)(1-p_2)p_3W_0$

经整理后可得：$U_1=p_1W_1-p_1p_2D_1-p_1(1-p_2)S_1-p_1p_3S_2+(1-p_1)p_3W_0$
（4.1）

对政府的期望效用函数 U_1 求关于概率 p_1 的偏导数可得：

$$\partial U_1/\partial p_1=W_1-p_2D_1-(1-p_2)S_1-p_3S_2-p_3W_0 \qquad (4.2)$$

由公式（4.2）可知，只有当 $W_1-p_2D_1-(1-p_2)S_1-p_3S_2-p_3W_0>0$ 时，即政府扶持传统村落保护与旅游开发时所获得的社会福利 W_1 要大于政府对开发商和农户的财政资金支持，以及开发商完全利己时对政府收益的损害和农户自主开发经营时政府的收益，政府才会对传统村落的保护与旅游开发进行扶持，否则政府倾向于不扶持。所以，旅游开发商选择完全利己的开发经营模式的概率 p_2，农户支持传统村落保护与旅游开发并积极参与的概率 p_3，旅游开发商采取完全利己策略时对政府利益造成的损害 D_1，以及政府对传统村落保护与旅游开发扶持或不扶持时所分别获得的社会福利 W_1 和 W_0，政府在传统村落保护与旅游开发过程中对开发商和农户的财政资金支持等，都是政府是否会对传统村落保护与旅游开发进行扶持的影响因素。

（2）旅游开发商的期望效用函数记作 U_2，根据收益矩阵表 4.1 可知：

$$U_2=p_1p_2p_3(R_1-C_1)+p_1p_2(1-p_3)(R_1-C_1-L_1)+p_1(1-p_2)p_3(R_0-C_0+S_1)+p_1(1-p_2)(1-p_3)(R_0-C_0+S_1)+(1-p_1)(1-p_2)p_3(R_0-C_0)$$

经整理后可得：$U_2=p_1p_2(R_1-C_1)-p_1p_2(1-p_3)L_1+(1-p_2)(p_1+p_3-p_1p_3)(R_0-C_0)+p_1(1-p_2)S_1$　　（4.3）

对旅游开发商的期望效用函数 U_2 求关于概率 p_2 的偏导数可得：

$$\partial U_2/\partial p_2=p_1(R_1-C_1)-p_1(1-p_3)L_1-(p_1+p_3-p_1p_3)(R_0-C_0)-p_1S_1$$　　（4.4）

由公式（4.4）可知，当 $p_1(R_1-C_1)-p_1(1-p_3)L_1-(p_1+p_3-p_1p_3)(R_0-C_0)-p_1S_1 > 0$ 时，旅游开发商会选择以完全利己的策略参与传统村落的保护与旅游开发。所以，政府扶持传统村落保护与旅游开发的概率 p_1，农户支持并参与传统村落保护与旅游开发的概率 p_3，传统村落保护与旅游开发中开发商分别采取完全利己和收益共享策略时各自的成本与收益 C_1、C_0 和 R_1、R_0，以及政府对开发商的财政资金支持 S_1 和由于开发商的完全利己策略导致农户利益受损，进而采取反抗行为时给开发商造成的损失 L_1 等，都是影响旅游开发商是否会采取收益共享模式进行传统村落保护与旅游开发的影响因素。

（3）村落农户的期望效用函数记作 U_3，根据收益矩阵表 4.1 可知：

$$U_3=p_1p_2p_3(V_1-E_1+S_2-D_2)+p_1p_2(1-p_3)(A_0-L_2-D_2)+p_1(1-p_2)p_3(V_1-E_1+S_2)+(1-p_1)p_2p_3(V_1-E_1)+(1-p_1)(1-p_2)p_3(V_1-E_1)$$

经整理后可得：$U_3=p_3(V_1-E_1)+p_1p_3S_2+p_1P_2(1-p_3)(A_0-L_2)-p_1p_2D_2$ (4.5)

对旅游开发商的期望效用函数 U3 求关于概率 p3 的偏导数可得：

$\partial U_3/\partial p_3=V_1-E_1+p_1S_2-p_1P_2(A_0-L_2)-p_1p_2D_2$ (4.6)

由公式（4.6）可知，只有当 $V_1-E_1+p_1S_2-p_1P_2(A_0-L_2)-p_1p_2D_2>0$ 时，村落农户才会选择支持并积极参与传统村落的保护与旅游开发。所以，政府扶持传统村落保护与旅游开发的概率 p_1，旅游开发商采取完全利己策略的概率 p_2，农户支持并参与传统村落保护与旅游开发的成本与收益 E_1 和 V_1，政府对农户的财政资金补助 S_2，以及开发商采取完全利己策略时给农户造成的损失 D_2，农户因此进行反抗的成本和收益 L_2 和 A_0 等因素，都是影响和制约农户参与传统村落保护与旅游开发的重要影响因素。

二、博弈均衡时局中人行为分析

通过地方政府、旅游开发商、村落农户三方动态博弈模型的均衡分析可知，在各自利益目标的驱动下，局中人为实现自身利益最大化，将展开充分博弈，其博弈策略的选择受到多种相关因素的影响。

第一，从地方政府的角度看，政府是社会公众利益的代表，传统村落保护与旅游开发过程中离不开政府的扶持、监督、指导和协调。因此，政府是传统村落保护与旅游开发的主导者，村落保护与旅游开发过程中要充分发挥政府的主导作用。政府首先应该加强基础设施建设，制定相关政策法规，为传统村落保护与旅游开发提供良好的环境；其次应该发挥桥梁纽带作用，为开发商参与传统村落保护与旅游开发牵线搭桥；最后要协调好参与各方的关系，促进社会的和谐稳定。在政府采取扶持政策以后，会使得社会福利的增加远大于政府对传统村落保护与旅游开发过程中的各种投入时，政府通常会以制定相关政策法规、提供财政资金支持、给与奖补优惠等多种形式扶持传统村落的保护与旅游开发，政府的扶持有利于吸引开发商的投入和农户的支持并积极参与，进一步增加全社会的整体福利。

第二，从旅游开发商的角度看，虽然企业都是逐利的，但从长远利益看，传统村落的有效保护及农户的积极支持和参与是实现村落持续发展利用的关键，所以开发商和农户之间也存在共同的利益点，而且开发商拥有雄厚的资金和技术，能更好地推动传统村落的活态保护与开发利用。因此，开发商是传统村落保护与旅游开发的重要参与者，传统村落保护与旅游开发过程中应该积极支持有实力的开发商参与进来。若政府对传统村落保护与旅游开发的态度积极，并予以支持，开发商更有可能参与到传统村落旅游开发的运作中，如果政府扶持力度较大，将有利于降低其开发成本，增加综合收益，开发商会更愿意投入资金进行旅游开发。同时，如果获得农户的大力支持并积极参与传统村落的保护与旅游开发，将进一步减少旅游开发商的风险和损失，也有利于吸引旅游开发商参与投入到传统村落的保护与旅游开发中来。

第三，从村落农户角度看，农户是传统村落的真正主人，而且农户本身就是村落的重要组成部分，没有人居住的村落将只是一堆建筑物而已。因此，村落的发展与农户的关系最为密切，农户是传统村落保护与旅游开发的主体，村落的保护与旅游开发必须以村民利益为重。如果政府大力扶持传统村落的保护与旅游开发，将能更好地保护村落的传统文化，提供更多的创业就业机会，有利于增加农户的收入，而当农户感知到支持参与传统村落保护与旅游开发会为他们带来更多好处时，将更加倾向于支持和参与，由此带来整个社会福利的增加，进一步促进政府对传统村落保护与旅游开发的支持，实现传统村落保护与旅游开发的良性循环，助推传统村落的有效保护与旅游可持续发展。

第五节　基于博弈行为分析的政策建议

本研究采用动态演化博弈方法，构建了基于地方政府—旅游开发商—村落农户的三方动态博弈模型，分析了地方政府、旅游开发商与村落农户行为选择策略的博弈均衡及其影响因素。据此，为充分体现传统村落保护与旅游开发进程中政府的主导地位、旅游开发商的重要参与者地位及村落农户的关键主体地位，切实加强传统村落的保护与旅游开发，实现保护与开发利用的双赢，地方政府、旅游开发商、村落农户及其他利益相关者的多赢，实现传统村落农户脱贫致富奔小康，从居于主导地位的地方政府行为角度，为促进传统村落的保护与旅游开发，提出以下相关政策建议：

（1）加大对传统村落保护与旅游开发的扶持力度，提高旅游开发商和农户参与的积极性。旅游开发商和农户的收益都与政府的扶持力度成正相关，政府扶持力度越大，开发商和农户获得的收益越高，参与的积极性也就越高。政府扶持的形式应多样化，应以政策制定、重点文物维修、基础设施建设、教育培训等为主，对旅游开发商的扶持可采取税收、土地利用等方面的优惠政策，以及旅游市场发展奖励基金等形式，对农户应主要从房屋维修基金、创业融资、技能培训等方面予以支持。政府主导作用的关键是积极引导，要善于利用市场机制的调节作用充分调动各方的积极性，聚集社会各方力量参与传统村落的保护与旅游开发，而不是亲力亲为，越俎代疱。

（2）加强传统村落保护与旅游开发过程中的监管力度，避免对传统村落造成开发性的破坏和进行破坏性的开发。传统村落遗产是不可再生资源，一旦遭到破坏将永远无法复原，所以，村落进行旅游开发要适度，要以不破坏村落的文化遗产为前提。但旅游开发商和农户受自身利益驱使，难免会出现短视行为，这就需要政府积极出台相关政策、制定村落保护与旅游发展规划，将村落旅游开发的行为限制在允许的规模和范围内。政府可以要求旅游开发商将盈利的一部分截流下来作为村落保护和发展基金，对开发利用过程中对村落造成破坏的行为进行惩罚，并将这些收入所得再利用到村落的保护和发展中，形成一种良好的导向。

（3）提高农户对传统村落的认可度，真正实现传统村落的活态化保护和可持续利用。当地居民是传统村落的主人，在村落的保护利用中居于主体地位，农户对传统村落保护与旅游开发与的大力支持和积极参与是有效保护和可持续发展的关键。政府要通过加强宣传教育引导，让农户充分认识到村落的价值和保护的意义，引导农户积极主动的参与到保护工作中来，并且以村落社区为家，让传统民居为现代生活服务，保持传统村落的生机和活力。一方面，政府要出台相应的政策措施，鼓励帮扶农户自身对传统民居进行保护，文物等部门负责提供技术支持，指导建筑物的修缮和维护，政府利用财政资金对维修经费给予一定的补助，但要求农户不能随意拆毁自家的房屋建筑；另一方面，传统村落保护的出发点和落脚点依然是当地农户，要注重给农户增加经济利益，尊重和维护他们的意愿和话语权，切实维护传统村落开发利用和保护过程中农户的利益，让农户在村落的开发利用中得到真正的实惠。

第六节　本章小结

本章应用博弈理论分析工具，对传统村落保护与旅游发展过程中农户与地方政府、旅游开发商等其他两个主要相关利益主体之间的行为博弈关系进行深入分析。通过引入动态进化博弈理论，在对模型进行假设和博弈过程描述及模型相关经济参数设置的基础上，构建地方政府、旅游开发商、村落农户三方动态演化博弈模型，并对参与博弈的局中人的收益函数及博弈模型均衡进行深入分析，探讨局中人博弈策略选择的重要影响因素，最后对各方的博弈行为进行概括、总结，并提出一些相关的政策建议。研究结果表明，政府对传统村落保护与旅游开发的扶持、旅游开发商的经营管理模式和农户对村落保护与旅游开发的支持参与等行为决策参数的改变，会对参与博弈的各方的行为选择策略产生极为重要的影响。由研究结果可知，在传统村落保护与旅游开发过程中，政府居于主导地位，开发商是重要参与者，农户是村落保护与开发的关键主体。据此，从政府的角度提出：要加大对传统村落保护与旅游开发的扶持力度，提高旅游开发商和农户参与的积极性；加强传统村落保护与旅游开发过程中的监管力度，避免造成开发性的破坏和进行破坏性的开发，以及要提高农户对所居住村落的认可度，真正实现传统村落的活态化保护和可持续利用等政策建议。通过本章的三方博弈行为分析，深入分析揭示了农户参与传统村落保护与旅游开发的行为机理，很好地解释了当前传统村落保护与旅游开发进程中发生的一些现象，对如何进一步加强传统村落的保护与开发利用具有重要的启示意义。

第五章

传统村落保护与旅游开发的农户行为响应机理及其影响因素研究

上一章采用博弈论的方法分析了地方政府、旅游开发商和村落农户三方动态博弈中农户行为决策机理，农户参与传统村落的保护与旅游开发行为，表面上看是农户追求实现自身的利益最大化问题。实际上，通过笔者对相关文献的研究和实地考察调研发现，不同农户的行为决策存在一定的差异性，一部分农户的行为响应非常积极，另一部分农户的行为响应则不积极，甚至消极。农户对传统村落保护与旅游开发的行为响应过程非常复杂，不仅要受到来自内部的主观因素和外部的环境条件因素的影响，还会受到各种理性的和非理性的因素影响。因此，本章基于对传统村落农户开展问卷调查获得的数据，运用多项有序 Logisitic 模型，对传统村落保护与旅游开发的农户行为响应机理及其影响因素进行较为深入的探索，深入分析揭示农户参与传统村落保护与旅游开发的行为选择的内在机理，有利于对传统村落保护与旅游开发过程中的各种关系进行管理协调。

第一节　农户行为影响因素及理论假设

农户行为是影响传统村落保护与旅游开发的关键，而农户行为决策受多种因素综合影响。本研究以计划行为理论（TPB）为基础，综合了理性行为理论、控制认知理论、政府规制理论，以及行为经济学等相关理论，参考张清荣[280]（2018）、柯水发[289]（2007）和王良健等[295]（2013）等学者关于农户行为研究的成果，将传统村落保护与旅游开发的农户行为响应影响因素分为农户心理因素、农户禀赋因素、社会经济因素、经营与管理因素等四大类，以下就各影响因素的含义、数据获得和影响预期进行详细说明。

一、农户心理因素变量

农户心理因素主要包括行为意向、行为态度、主观规范和知觉行为控制等4个潜在变量，本研究参照阿杰恩（Ajzen，2002）格式化的调查项目和提问方式，采用李克特（Likert）五级量表对农户心理因素变量进行测量，通过问卷调查获得数据。其中，行为意向包含"如果有条件我打算参与旅游开发经营"、"我打算把现有的房屋租出去"和"要是有合适的企业我愿意从事旅游服务工作"等3个可观测变量；行为态度包含"我认为旅游开发对古村落的保护与改善当地居民生活都有好处"、"旅游开发对我家是有利的，我赞成"和"旅游开发对村里经济发展是有好处的，我支持"等3个可观测变量；主观规范包含"我的家人支持旅游开发"、"我的亲戚朋友认为旅游开发是有好处的"、"我们村德高望重的人士支持旅游开发"、"周围邻村的人认为旅游开发会给家庭带来好处"和"其他已经进行旅游开发的村民认为旅游开发是有好处的"等 5 个可观测变量；知觉行为控制包含"我们家有人对旅游业比较熟悉，知道如何经营旅游服务"、"我们家是否参与旅游开发经营由我们家自己说了算"和"如果我们家想经营旅游服务，就一定能找到合适的参与方式"等 3 个可观测变量。本研究假设行为意向、行为态度、主观规范与控制认知等 4 个变量对农户行为响应都具有正向影响作用，因为行为意向越强烈，行为态度越积极，主观规范感受到来自参考群体的压力越小，知觉行为控制感知到具备足够的知识经验技能的时候，行为响应越积极，支持参与传统村落保护与旅游开发的行为意愿越强烈。

二、农户禀赋因素变量

农户禀赋因素主要包括性别、年龄、文化程度、从业类型、家庭总人口、家庭总收入、家庭从事旅游服务人数、家庭旅游总收入、房屋面积和房屋现状等 10 个变量，本研究将每个指标设置一定的数据区间，采用问卷调查方式获得数据，并根据低至高依次赋分 1，2，3，4……。本研究假设性别、年龄、家庭总人口、家庭总收入、房屋面积、房屋现状等 6 个变量对农户行为响应的影响作用方向不确定，既可能是正向影响，也可能是负向影响；而文化程度、从业类型、家庭从事旅游服务人数、家庭旅游总收入等 4 个变量对农户行为响应都具有正向影响作用，因为文化程度越高，思想越开放，越容易接受新事物，知识技能水平也越高，就越能胜任保护与开发的行为，从业类型越远离纯农、家庭从事旅游服务人数越多、家庭旅游总收入越高，持参与传统村落保护与旅游开发的行为意愿越强烈。

三、社会经济因素变量

社会经济因素主要包括所在区域、村集体年收入、村民人均年收入、常住人口占户籍人口比率和交通条件等 5 个变量，采用中国传统村落数字博物馆网（http://www.dmctv.cn/）上查找的村落统计数据和实际调查结果，并将每个变量设置一定的数据区间，根据低至高依次赋分 1，2，3，4……。本研究假设所在区域、村集体年收入、村民人均年收入、常住人口占户籍人口比率和交通条件这 5 个变量对农户行为响应的影响作用方向不确定，既可能是正向影响，也可能是负向影响，因为这些因素即可能为旅游开发创造更好的条件，同时也可能是其他产业已有相当的发展，对村落旅游开发依赖性较小，所以导致行为不积极。

四、经营与管理因素变量

经营与管理因素主要包括地方政府的政策扶持、村落旅游的开发经营管理、农村社会保障制度等方面，具体包括是否制定了旅游规划、是否出台过相关保护措施、是否投入过资金进行保护与开发、房屋维修状况、开发经营模式、参与旅游开发决策情况、对旅游规划是否了解、是否按旅游规划实施、房屋产权是否已明确登记、是否入了新农保、是否入了新农合等 11 个变量，采取实地考察和问卷调查方式获取数据。本研究假设开发经营模式、房屋产权状况、新农保、新农合等 4 个变量对农户行为响应的影响作用方向不确定，既可能是正向影响，也可能是负向影响，因为每种开发经营模式各有优缺点，房屋产权明晰与否、是否入了新农保、是否入了新农合，对农户行为影响都具有两面性，一方面房屋产权明晰、入了"新农保"和"新农合"，农户感觉更有保障，将减少农户参与的风险，因此行为可能更积极；另一方面，产权不明晰、没有社会保障的情况下，农户也可能更愿意去冒险；而其他 7 个影响因素对农户行为响应都具有正向的影响作用，是否制定了旅游规划、是否出台过相关保护措施、是否投入过资金进行保护与开发、参与旅游开发决策情况、对旅游规划是否了解、是否按旅游规划实施等 6 个变量的正向影响作用较为明显，而房屋维修状况是指房屋的维护修缮是政府出资还是自己出资维修，政府出资意味着政府重视，农户相应会更积极。

传统村落保护与旅游开发农户行为响应影响因素自变量的选择及其对行为响应因变量的作用预期见表 5.1。

表 5.1　影响因素及其预期作用方向

影响因素变量	变量名标签	影响预期	影响因素变量	变量名标签	影响预期
行为意向	X1	+	村集体年收入	X16	+/-
行为态度	X2	+	村民人均年收入	X17	+/-
主观规范	X3	+	人口比率	X18	+/-
控制认知	X4	+	交通条件	X19	+/-
性别	X5	+/-	是否制定旅游规划	X20	+
年龄	X6	+/-	是否出台保护措施	X21	+
文化程度	X7	+	是否投入资金	X22	+
从业类型	X8	+	房屋维修状况	X23	+
家庭总人口	X9	+/-	开发经营模式	X24	+/-
家庭从事旅游人数	X10	+	参与旅游决策情况	X25	+
家庭总收入	X11	+/-	对旅游规划了解否	X26	+
家庭旅游收入	X12	+	是否按规划实施	X27	+
房屋面积	X13	+/-	房屋产权是否明晰	X28	+/-

影响因素变量	变量名标签	影响预期	影响因素变量	变量名标签	影响预期
房屋现状	X14	+/-	是否入了新农保	X29	+/-
所在区域	X15	+/-	是否入了新农合	X30	+/-

第二节 数据来源与统计检验

一、数据来源

本章分析所采用数据为第三章详细分析的农户问卷调查统计数据，农户有效样本数包括湖南省湘西地区、湘南地区、湘北地区的 10 个传统村落共 257 份有效问卷。

二、样本数据的统计检验

为了验证问卷调查数据的稳定性和有效性，以下对回收的所有样本数据进行信度和效度的分析。

（1）样本数据信度分析。所谓信度分析是对量表有效性进行测试检验。本研究所选取的农户行为响应影响因素中，影响因素中仅有农户心理变量采用 Likert 五级量表设置，为考察此调查问卷中农户心理因素各变量是否可靠，特对农户心理因素的 14 个观测变量进行信度分析。

目前最常用的测度量表内部一致性的指标是克朗巴哈（Cronbach）α 系数。Cronbach' α 系数的取值介于 0~1 之间，Cronbach' α 系数的值越大（越接近 1），表明量表的内在信度越高；

Cronbach'α 系数的值越小（越接近 0），那么量表的内在信度就越低。通常来说，如果 Cronbach'α 系数值大于 0.9，表示量表的内在信度很高；如果 Cronbach'α 系数值介于 0.8~0.9 之间，表示内在信度可接受；如果 Cronbach'α 系数值介于 0.7~0.8 之间，表示量表设计有问题，但仍具备一定的参考意义；如果 Cronbach'α 系数值小于0.7，表示量表内部一致性不足，量表设计有太多的缺陷，最好重新设计一份量表。实务中，总量表的克朗巴哈 α 系数最好不低于 0.7，而分量表的克朗巴哈 α 系数至少要在 0.6 以上。

本研究应用 SPSS19.0 对农户心理因素变量的调查数据进行信度的分析，结果见表 5.2。结果表明，总量表的克朗巴哈 α 系数为 0.924，同时各分量表的克朗巴哈 α 系数也都大于 0.9，因此，量表内在信度很高，本次农户心理因素的调查结果具有一致的稳定性。

表 5.2　可靠性统计量

Cronbach's Alpha	基于标准化项的 Cronbach's Alpha	项数
.924	.929	14

（2）样本数据效度分析。所谓效度分析，指的是对尺度量表达到测量指标的准确程度进行的分析。本研究的效度分析目标就是分析所选各影响因素变量之间的相关性，主要利用巴特利特（Bartlett）球度检验及 KMO（Kaiser-Meyer-Olkin）统计量进行检验，检验各影响因素变量间的相关性。一般来说，KMO 值越大（即越接近于 1），表明变量间的相关性越强，原有的这些变量就越适合用来作因子分析；当 KMO 值越小（即越接近于 0）时，则表示变量之间的相关性越弱，原有的这些变量就不太适合用来作因子分析。凯瑟（Kaiser）给出了

常用的 KMO 评价标准，0.9 以上说明非常适合，0.8~0.9 之间说明很适合，0.7~0.8 之间表示适合，0.6~0.7 之间勉强适合，0.5~0.6 之间表示不太适合，0.5 以下表示极不适合[296]。通过对 30 个影响因素调查结果进行 KMO 测度及 Bartlett 球度检验。检验结果见表 5.3，KMO 值为 0.728，KMO 值介于 0.7~0.8 之间；同时，相应的显著性概率 Sig. 值是 0.000，远小于 0.01 的显著性标准，表明农户行为响应影响因素调研数据具有良好的效度，各影响因素变量之间具有较强的相关性，所选影响因素变量调研获得的数据能满足本研究的需要。

表 5.3　KMO 和 Bartlett 球度检验结果

取样足够的 Kaiser–Meyer–Olkin 度量		.728
	近似卡方	3380.184
Bartlett 球度检验	df	435
	Sig.	.000

三、样本数据的相关性分析

在信度分析和效度分析的基础上，为了检验传统村落保护与旅游开发的农户行为响应因变量（农户决策行为）与所选影响因素自变量之间是否存在相关关系，进一步应用双变量相关分析法加以分析，结果见表 5.4、表 5.5、表 5.6 和表 5.7。

表 5.4　农户行为响应与心理因素变量的相关性

		X1	X2	X3	X4
行为响应	Pearson 相关	.411***	.399***	.301***	.203***
	显著性（双侧）	0	0	0	0.001
	N	257	257	257	257

表 5.5　农户行为响应与禀赋因素变量的相关性

		X6	X7	X8	X9	X10	X11	X12
行为响应	Pearson 相关	−.147**	.200***	.172***	.189***	.146**	0.106*	.141**
	显著性（双侧）	0.018	0.001	0.006	0.002	0.019	0.091	0.024
	N	257	257	257	257	257	257	257

表 5.6　农户行为响应与社会经济因素变量的相关性

		X15	X16	X17	X18	X19
行为响应	Pearson 相关	.233**	.152**	.159**	−0.106*	.191***
	显著性（双侧）	0.000	0.015	0.011	0.091	0.002
	N	257	257	257	257	257

表 5.7　农户行为响应与经营管理因素变量的相关性

		X21	X25	X26	X27
行为响应	Pearson 相关	.203***	.332***	.204***	.188***
	显著性（双侧）	0.001	0	0.001	0.002
	N	257	257	257	257

通过双变量相关分析可以得出，农户心理因素中的参与村落旅游开发的行为意向、行为态度、主观规范和控制认知等 4 个潜在变量均与农户行为响应之间存在着明显的正相关，且在 0.01 的显著性水平上显著。农户禀赋因素除了性别、房屋面积和房屋现状等 3 个观测变量与行为响应的相关性较弱之外，其余 7 个变量均存在较强的相关性；文化程度、从业类型、家庭总人口等 3 个变量与农户行为正相关，显著性水平是 0.01；家庭从事旅游服务人数、家庭总收入、家庭旅游收入等 3 个变量与农户行为正相关；家庭从事旅游服务人数和家庭旅游

收入在 0.05 的水平上显著，家庭总收入显著性水平则达到 0.1；年龄在 0.05 水平上与农户行为负相关。社会经济因素的 5 个观测变量与农户行为响应均存在比较强的相关性，所在区域、村集体年收入和村民人均年收入在 0.05 显著性水平上与农户行为正相关，常住人口占户籍人口比率在 0.1 显著性水平上与农户行为负相关，交通条件在 0.01 显著性水平上与农户行为正相关。经营管理因素中只有是否出台过相关保护措施、农户参与旅游开发民主决策情况、对旅游规划是否了解和村落开发是否按旅游规划实施等 4 个变量与农户行为具有较强的相关性，而且都在 0.01 的显著性水平上成正相关，其他 7 个观测变量与农户行为响应的相关性则比较弱。相关分析结果也初步验证了本文开始时对影响因素提出的理论假设。

第三节　计量模型选择

本研究的目的是考察传统村落保护与旅游开发的农户行为响应及其影响因素，选取农户对传统村落保护与旅游开发的行为态度作为因变量，即被解释变量，前述 30 个影响因素为自变量，即解释变量。因变量和自变量的赋值见表 5.8。由于因变量的取值有 4 个离散值，即 1，2，3，4，而且不同的行为态度之间有意愿强烈程度的内在顺序，属于有序的多分类变量，是典型的多项离散有序概率模型。一般来说，概率模型分析多采用 Probit 或 Logistic 模型，本研究选择多项有序 Logistic 回归模型进行分析。多项有序 Logistic 模型的具体形式如下（陈昱等，2011）[297]：

$$P_i = \frac{1}{1 + e^{-Y_i}} = \frac{1}{1 + e^{-(\alpha_i + \beta_i X_i)}} \qquad i=1, \ 2, \ 3, \ 4 \qquad (5.1)$$

进一步可将模型转化为：

$$\ln = \frac{P_i}{1 - P_i} = Y_i = \alpha_i + \sum_{j=1}^{30} \beta_{ij} X_{ij} + \varepsilon_i \qquad (5.2)$$

在公式（5.1）和（5.2）中，Y_i 为因变量，也就是概率函数 Logit P；P_i 表示传统村落保护与旅游开发农户行为响应 i 的概率；X_i 为自变量，即传统村落旅游开发的农户农户行为响应的影响因素；β_{ij} 为影响因素的系数估计值；α_i 为截距项；ε_i 为随机误差项。各影响因素赋值后的统计分析见表 5.9 至表 5.14。

表 5.8　因变量赋值

变量类型	变量名称	变量标签	变量赋值	最小值	最大值	均值	标准差
因变量	农户行为响应	Y	坚决不同意开发 =1 无所谓 =2 有利则支持，否则不同意 =3 无条件支持 =4	1	4	3.0856	0.64383

表 5.9　农户心理因素变量赋值

变量类别	变量名称	变量标签	变量赋值	最小值	最大值	均值	标准差
农户心理因素	行为意向	X1	非常微弱 =1 比较微弱 =2 一般 =3 强烈 =4 非常强烈 =5	1	5	3.8327	0.98386

续表

变量类别	变量名称	变量标签	变量赋值	最小值	最大值	均值	标准差
农户心理因素	行为态度	X2	很不积极 =1 比较不积极 =2 一般 =3 比较积极 =4 非常积极 =5	1	5	4.2296	0.89586
	主观规范	X3	很不支持 =1 比较不支持 =2 一般 =3 比较支持 =4 非常支持 =5	2	5	4.1751	0.78839
	控制认知	X4	非常困难 =1 有障碍 =2 一般 =3 没问题 =4 肯定没问题 =5	1	5	3.5058	0.89321

表 5.10 农户禀赋因素变量赋值结果

变量类别	变量名称	变量标签	变量赋值	最小值	最大值	均值	标准差
农户禀赋因素	性别	X5	女 =0 男 =1	0	1	0.5409	0.4993
	年龄	X6	20 岁以下 =1 21~39 岁 =2 40~59 岁 =3 60 岁以上 =4	1	4	2.6459	0.79249

变量类别	变量名称	变量标签	变量赋值	最小值	最大值	均值	标准差
	从业类型	X8	完全务农 =1 兼农 =2 非农 =3 其他 =4	1	4	2.1984	1.11607
	家庭人口	X9	1~3 人 =1 4~6 人及以上 =2	1	2	1.8288	0.37742
	从事旅游服务人数	X10	没人从事 =1 有 1 人 =2 有 2 人 =3 有 3 人 =4 有 4 人及以上 =5	1	5	1.5953	0.87033
农户禀赋因素	家庭旅游收入	X11	没有旅游收入 =1 1 万元及以下 =2 1 万 ~2 万元 =3 2 万 ~4 万元 =4 4 万元以上 =5	1	4	2.3502	1.05045
	家庭总收入	X12	2 万元以下 =1 2 万 ~4 万元 =2 4 万 ~6 万元 =3 6 万元以上 =4	1	5	1.7082	1.00606
	房屋面积	X13	50 平方米以内 =1 50~100 平方米 =2 101~160 平方米 =3 160 平方米以上 =4	1	4	2.6031	0.86041

续表

变量类别	变量名称	变量标签	变量赋值	最小值	最大值	均值	标准差
农户禀赋因素	房屋现状	X14	老宅拆除 =1 房屋损坏 =2 渗漏裂缝等 =3 其他 =4	1	4	2.4864	0.91045

表 5.11　社会经济因素变量赋值表

变量类别	变量名称	变量标签	变量赋值	最小值	最大值	均值	标准差
社会经济因素	所在区域	X15	湘西地区 =1 湘南地区 =2 湘北地区 =3 湘中东地区 =4	1	3	1.8988	0.60392
	村集体收入	X16	小于 5 万元 =1 5 万 ~10 万元 =2 大于 10 万元 =3	1	3	2.3735	0.79092
	村民人均年收入	X17	小于 3000 元 =1 3001~6000 元 =2 6001~9000 元 =3 大于 9001 元 =4	1	4	2.3658	0.87415
	常住人口占户籍人口比率	X18	小于 0.6=1 0.6-0.9=2 大于 0.9=3	1	3	2.8599	0.51142
	交通条件	X19	落后 =1 一般 =2 大大改善 =3	1	3	2.463	0.75493

表 5.12　经营管理因素变量赋值

变量类别	变量名称	变量标签	变量赋值	最小值	最大值	均值	标准差
经营管理因素	是否制定旅游规划	X20	否 =0 是 =1	0	1	0.8833	0.32173
	是否出台保护措施	X21	否 =0 是 =1	0	1	0.7977	0.40252
	是否投入资金	X22	否 =0 是 =1	0	1	0.8444	0.36322
	房屋维修状况	X23	已拆旧翻新 =1 从未修缮 =2 个人维修 =3 政府维修 =4	1	4	3.0545	0.68817
经营管理因素	开发经营模式	X24	个人或企业承包经营 =1 政府投资经营 =2 合作经营 =3 村委会自主经营 =4	1	4	3.1712	1.32651
	参与旅游决策情况	X25	从未听说过 =1 听过未参与 =2 象征性参与 =3 主要决策者 =4	1	4	2.0661	0.76003
	对规划是否了解	X26	否 =0 是 =1	0	1	0.5058	0.50094
	是否按规划实施	X27	否 =0 是 =1	0	1	0.642	0.48034
	房屋产权是否登记	X28	否 =0 是 =1	0	1	0.9183	0.27446
	新农保	X29	没入 =0 入了 =1	0	1	0.8949	0.30723
	新农合	X30	没入 =0 入了 =1	0	1	0.9767	0.1513

第四节 模型估计与计量结果分析

一、模型估计结果

本研究采用 Stata/MP l3.1 软件，对湖南省 10 个传统村落的 257 个样本农户问卷调查数据进行有序 Logistic 回归分析。在分析处理过程中，首先将影响被解释变量的所有 30 个解释变量都代入模型进行分析，根据初次分析结果，将对被解释变量影响不显著的解释变量剔除掉，然后再继续进行分析检验，直至模型中的解释变量对被解释变量的影响均基本显著为止。由于各解释变量都被定义为分类变量，最小变化量至少为一单位，为了更好地分析和解释模型，自变量影响分别以回归系数和优势比形式输出。最终模型估计结果见表 5.13 和表 5.14。由表 5.13 和表 5.14 可知，二者的回归结果是一致的，只是自变量影响输出的形式不同，前者输出的是回归系数，后者输出的是优势比。

表 5.13　Logit 模型回归结果

Ordered logistic regression					Number of obs = 257	
					LR chi2(14) = 116.60	
					Prob > chi2 = 0.0000	
Log likelihood = −190.46023					Pseudo R2 = 0.2344	
y |	Coef.	Std. Err.	z	P>|z|	[95% Conf.	Interval]
x1 |	.566807	.1954657	2.90	0.004	.1837013	.9499126
x2 |	.7517087	.2534124	2.97	0.003	.2550296	1.248388

续表

Ordered logistic regression				Number of obs = 257		
				LR chi2(14) = 116.60		
				Prob > chi2 = 0.0000		
Log likelihood = −190.46023				Pseudo R2 = 0.2344		
x3 |	.2100269	.2556947	0.82	0.411	−.2911254	.7111792
x5 |	−.5625304	.2847826	−1.98	0.048	−1.120694	−.0043668
x7 |	.6153943	.1589079	3.87	0.000	.3039406	.926848
x11 |	−.2108707	.1532205	−1.38	0.169	−.5111775	.089436
x13 |	.3162515	.186932	1.69	0.091	−.0501285	.6826316
x17 |	.8401131	.2174701	3.86	0.000	.4138796	1.266347
x18 |	−1.170424	.3530944	−3.31	0.001	−1.862476	−.4783719
x22 |	−.3507978	.4245077	−0.83	0.409	−1.182818	.481222
x24 |	−.4341009	.1440021	−3.01	0.003	−.71634	−.1518619
x25 |	.4565017	.2147788	2.13	0.034	.035543	.8774604
x27 |	.4221014	.4021757	1.05	0.294	−.3661485	1.210351
x28 |	−.9836237	.6087233	−1.62	0.106	2.176699	.209452
/cut1 |	−2.347887	1.804632			−5.884902	1.189128
/cut2 |	2.440398	1.516155			−.5312114	5.412008
/cut3 |	6.415615	1.577049			3.324657	9.506574

从表中的回归结果容易知道，回归模型的似然比卡方 LR $chi^2(14)$ = 116.60，显著性概率 Prob > chi^2 = 0.0000，对数似然值 Log likelihood = -190.46023，伪 R^2（Pseudo R^2）= 0.2344，因此回归模型是非常显著的，而且大多数的回归系数联合显著性也很高。

表 5.14　以优势比形式输出的回归结果

```
Ordered logistic regression                          Number of obs = 257
                                                     LR chi2(14) = 116.60
                                                     Prob > chi2 = 0.0000
Log likelihood = -190.46023                          Pseudo R2 = 0.2344
```

y	Odds Ratio	Std. Err.	z	P>|z|	[95% Conf. Interval]	
x1	1.76263	.3445336	2.90	0.004	1.201657	2.585484
x2	2.12062	.5373915	2.97	0.003	1.2905	3.484721
x3	1.233711	.3154534	0.82	0.411	.7474219	2.036391
x5	.5697655	.1622593	-1.98	0.048	.3260535	.9956427
x7	1.850386	.2940409	3.87	0.000	1.355189	2.526533
x11	.8098787	.1240901	-1.38	0.169	.5997889	1.093557
x13	1.371975	.2564662	1.69	0.091	.9511072	1.979079
x17	2.316629	.5037974	3.86	0.000	1.512675	3.547867
x18	.3102353	.1095423	-3.31	0.001	.1552876	.6197916
x22	.7041261	.298907	-0.83	0.409	.3064142	1.61805
x24	.6478469	.0932913	-3.01	0.003	.4885371	.8591069
x25	1.578542	.3390374	2.13	0.034	1.036182	2.404785
x27	1.525163	.6133837	1.05	0.294	.6933998	3.354663
x28	.3739535	.2276342	-1.62	0.106	.1134153	1.233002
/cut1	-2.347887	1.804632			-5.884902	1.189128
/cut2	2.440398	1.516155			-.5312114	5.412008
/cut3	6.415615	1.577049			3.324657	9.506574

　　通过有序 Logit 回归模型进行估计得出了 14 个解释变量对农户行为响应的影响作用方向和强度。模型估计结果显示，行为意向、行为态度、文化程度、村民人均年收入、常住人口占户籍人口比率、开发经营模式等 6 个影响因素变量对农户行为响应的影响非常显著，性别、参与旅游决策、房屋面积和房屋产权等 4 个影响因素变量对农户行为

响应的影响比较显著，而主观规范、家庭总收入、是否投入资金、是否按规划实施等 4 个观测变量因素未能通过显著性检验，可以认为这几个因素对湖南传统村落保护与旅游开发的农户行为响应意愿没有显著影响。按照前述影响因素共分农户心理因素、农户禀赋因素、社会经济因素、经营管理因素等四大类，可以看出，最后选择的 14 个影响因素中每个大类都有两个以上的指标是显著的，影响因素选择较为合理。结合表 5.13 和表 5.14 的估计结果，可以进一步将模型概括总结为表 5.15。

表 5.15　模型估计结果汇总

变量分类	变量名称	回归系数	优势比
农户心理因素	行为意向（＊＊＊）	.566807（.1954657）	1.76263（.3445336）
	行为态度（＊＊＊）	.7517087（.2534124）	2.12062（.5373915）
	主观规范	.2100269（.2556947）	1.233711（.3154534）
农户禀赋因素	性别（＊＊）	−.5625304（.2847826）	.5697655（.1622593）
	文化程度（＊＊＊）	.6153943（.1589079）	1.850386（.2940409）
	家庭总收入	−.2108707（.1532205）	.8098787（.1240901）
	房屋面积（＊）	.3162515（.186932）	1.371975（.2564662）
社会经济因素	村民人均年收入（＊＊＊）	.8401131（.2174701）	2.316629（.5037974）
	人口比率（＊＊＊）	−1.170424（.3530944）	.3102353（.1095423）
	是否投入资金	−.3507978（.4245077）	.7041261（.298907）
经营管理因素	开发经营模式（＊＊＊）	−.4341009（.1440021）	.6478469（.0932913）
	参与旅游决策（＊＊）	.4565017（.2147788）	1.578542（.3390374）
	是否按规划实施	.4221014（.4021757）	1.525163（.6133837）
	房屋产权（＊）	−.9836237（.6087233）	.3739535（.2276342）

注：＊，＊＊，＊＊＊分别表示统计检验在 10%，5% 和 1% 的水平上显著。

二、多重共线性与稳健性检验

对模型估计结果的 10 个显著的影响因素进行多重共线性检验，得到方差膨胀因子 VIF 为 1.495，远小于 10，说明解释变量之间的多重共线性较弱，可以选择上述影响因素进行回归分析。此外，从模型估计结果可以看出，传统村落所处区域、所属民族类型等因素对农户行为响应的影响并不显著，也就是说，不同区域、不同民族类型的传统村落的农户行为响应机理没有显著差异，农户行为响应不受地理区域和民族属性的影响，研究结论可推广应用到其他区域各类传统村落进行分析，因此可以认为模型通过了稳健性检验，结果具有可靠性。

三、计量结果分析

根据上述模型估计结果和检验结果，进一步对传统村落保护与旅游开发的农户行为响应影响因素进行全面分析总结，可以得出以下结论：

（1）通过对样本村落农户的调查研究发现，传统村落保护与旅游开发的农户行为响应受多种因素的综合影响，对农户行为决策影响显著的因素包括农户心理特征、农户的禀赋特征、社会经济特征和传统村落的经营管理特征等。

（2）模型估计结果显示，行为意向、行为态度、文化程度、村民人均年收入、常住人口占户籍人口比率、开发经营模式等 6 个影响因素变量对农户行为响应的影响非常显著，性别、参与旅游决策、房屋面积和房屋产权等 4 个影响因素变量对农户行为响应的影响比较显著，据此，可以对农户参与传统村落保护和旅游开发利用的行为响应进行如下解释：对于农户是女性、农户的文化程度越高、农户拥有的房屋面积越大、农户参与村落旅游开发的行为意向越强烈、农户的行为态度越积极，所在地村民人均年收入越高、常住人口占户籍人口比例越小，以及村落旅游开发模式为政府或开发商与村委会合作经营，农户能参与旅游开发的民主决策，房屋产权没有明确登记的情况下，农户更愿意支持和参与传统村落的旅游开发。如果影响农户行为的其他因素变量保持不变，则村落农户的文化程度每提高1个等级，将引起农户支持参与行为意愿提高1个等级的概率增加0.85倍；农户人均年收入每提高1个等级，将引起农户支持参与行为意愿提高1个等级的概率增加1.32倍；农户参与旅游开发民主决策的情况每提高1个等级，将引起农户支持参与行为意愿提高1个等级的概率增加0.58倍。

（3）实证结果进一步表明，大多数影响因素对传统村落旅游开发的农户决策行为具有正向影响作用，但是性别、家庭总收入、常住人口占户籍人口比例、政府是否投入资金进行保护与开发、开发经营模式和房屋产权几个因素呈负向影响。各影响因素变量对农户决策行为选择的影响作用方向与先前提出的假设基本上是一致的。政府是否投入资金的影响是负向的，说明政府在传统村落保护与旅游开发中资金的使用存在一定的问题，农户并没有因为政府的投资而提高对村落保护与旅游开发的支持度和参与的积极性，这应该要引起政府的重视，加强资金投入使用效果的评估。

（4）在预先设计的影响因素中，有16个影响因素因为初次分析时未能通过检验或影响非常不显著，没有纳入最终的回归模型进行分析，加上最后纳入模型分析的影响因素中还有4个未能通过显著性检验，说明有20个预设影响因素对村落农户的行为响应几乎没什么影响作用。原因可能有几个方面：一是农户决策行为是一个复杂的心理过程，而农户的理性是有限的，决策时也有可能做出非理性的选择；二是支持和参与传统村落的保护与旅游开发也是一项经济决策，农户行为可能更多地受到投资收益等经济因素的影响，而由于资料收集的限制，本研究关于经济方面的因素考虑得不够；三是各区域的农户由于环境背景条件的不同，本身也有内在差异，加之由于条件限制，本次调研的农户对象并未涵盖所有村落，样本数量也不是很多，而且样本村落农户的信息也不可能囊括全部的影响因素，难免还有一些遗漏的影响因素没有考虑进来。

可以看出，上述实证分析结果与第二章中根据计划行为理论和行为经济学理论提出的农户行为假设基本一致，理论假设初步得到了验证，结果也都和预期相符，并且也与现实情况较为接近。

（5）就所在区域特征和民族属性特征变量的影响来看，两个因素的影响都不显著，民族属性特征与农户决策行为的相关性本身就不强，而虽然前述分析表明所在区域与农户决策行为之间有较强的相关性，但回归结果没有通过显著性检验，说明各区域农户的行为响应虽然存在一定的差异，但这种差异是不显著的。所以可以认为，所调查农户的地域特征和民族属性因素对决策行为的影响程度及其作用方向基本是一致的，不存在农户行为响应的区域差异和民族差异。

第五节　本章小结

本章在实地考察和问卷调查的基础上，应用多项有序 Logisitic

模型对样本村落农户的问卷调查数据进行计量分析，对传统村落保护与旅游开发的农户决策行为选择的影响因素进行深入分析，进一步揭示了传统村落保护与旅游开发的农户行为响应机理。通过实证研究发现，农户参与传统村落保护与旅游开发的行为响应受到内外部多种因素的综合影响。计量分析结果显示，农户心理因素中的行为意向和行为态度，农户禀赋因素中的性别、文化程度、房屋面积，社会经济因素中的村民人均年收入、常住人口占户籍人口的比率，经营管理因素中的经营开发模式、农户参与旅游开发民主决策情况和房屋产权等因素对村落农户参与传统村落保护与旅游开发的决策行为选择有显著影响。可以说，当其他影响因素保持不变的时候，如果农户是女性，受教育程度越高，拥有的房屋面积越大，农户参与村落旅游开发的行为意向越强烈，行为态度越积极，村民人均年收入越高，常住人口占户籍人口的比率越低，村落开发经营模式属于政府或开发商与村委会合作经营，农户参与旅游开发民主决策越深入，房屋没有进行产权登记时，农户支持和参与传统村落保护与开发的态度就越积极，行为意愿越强。因此，农户是否支持传统村落的保护与旅游开发，主要受到农户的心理因素、禀赋因素、社会经济因素和经营管理因素的影响，农户的心理是否积极，禀赋条件如何，是否有参与权和决策权，是否能够获益是农户进行决策行为选择时要重点考虑的因素。

上述研究结论对于传统村落的保护与乡村旅游开发具有一定的指导价值。首先，农户的决策行为也是以经济利益为导向的，他们参与和支持传统村落的保护与旅游开发，目标也是在于最大化地谋取经济收益，因此，如果传统村落的保护与旅游开发仅仅只是作为一项文化生态工程或只为地方财政服务，又或是变成了开发商谋利的工具，而没有充分考虑村落农户的经济利益诉求的话，那么农户将不会积极响应和支持参与，没有作为村落主体的村民的支持和参与，传统村落的有效保护和可持续发展都将受到影响。其次，传统村落保护与旅游开发过程中，如何保障满足农户的诉求是关键，农户最关心的是收益和权利分配，因此，要确保农户能够获益，有充分的参与权、知情权和决策权，能够参与分享村落发展带来的好处。

综上所述，村落农户参与传统村落保护与旅游开发的决策行为受到内外部多种因素的综合影响，但最关键的影响因素还是利益的分配与平衡。因此，传统村落的保护与旅游开发要和当前的新型城镇化建设、乡村振兴战略、城乡融合发展结合起来，只有农民富裕了，乡村兴旺了，村落才能体现出其功能和价值，才能有生机和活力，才能立足于社会文化的发展变迁，在发展中保护，实现村落的活态化保护和可持续利用。因此，在传统村落的保护与旅游开发过程中，地方政府应当积极制定相关政策措施，促进村落遗产的有效保护和文化资源的合理利用，推动相关产业发展，为农户提供更多非农就业机会，不断增加农民收入，使传统村落的保护与农户的切身效益紧密相连，才能激发农户的支持度和参与度，最终使农户的参与行为变成一种必然的选择。

第六章

传统村落保护与旅游开发的农户满意度与行为响应耦合机理分析

　　农户的满意度是衡量传统村落保护与旅游开发效果的重要标准之一，农户的满意度对其行为选择有着直接的影响。农户满意度的差异，将导致不同的农户行为。只有农户真正满意，才会积极支持和参与到传统村落的保护与旅游开发中来，才能有效地推进传统村落的可持续发展利用。因此，对传统村落保护与旅游开发过程中农户的满意度与其决策行为选择的关系进行分析研究，是农户行为相关研究的重要组成部分。当前，传统村落保护与旅游开发利用过程中缺少有效的开发经营管理模式，常常忽视农户的利益，导致农户的满意度不高，甚至激化矛盾冲突，严重影响了村落的可持续发展。而如何提高农户的满意度，进而更好地促进传统村落的活态保护与传承，成为地方政府及学术界关注的热点问题。

　　近年来，结构方程模型（SEM）受到众多行为科学及社会科学领域学者的青睐，研究者们利用结构方程模型在众多领域对顾客满意度进行了研究。代表性的研究有，邓祖涛（2012）以湖北梁子湖旅游区为例，对乡村旅游地游客满意度进行了研究[298]。陈波（2013）以宁夏同心地区为例，主要对农村居民以产权作为抵押来进行融资的满意度及其影响的因素展开了分析[299]。翁贞林等（2013）对江西部分区域的农户进行了调查，并对小农水管护的农户参与情况的满意度及其影响因素进行了探讨[300]。乔蕻强等（2016）以甘肃武威市郊区乡镇的农户调查为例，对征地补偿农户满意度影响因素的研究[301]。翟运开等（2018）对远程会诊患者满意度进行了研究[302]。李玲等（2016）以宁波市清潭村为例，用结构方程模型（SEM）方法对古村居民的保护和意愿影响因素，以及效应进行了分析[303]。张建国等（2019）以昆明市为例，研究了高铁对旅游者决策行为影响[304]，等等。上述研究主要对顾客 / 农户（农业生产行为）满意度、保护意愿、旅游者决策行为等进行了研究，而针对传统村落保护与旅游开发过程中农户满意度和农户行为响应及其影响因素的研究还较为鲜见。本研究以前述 10 个典型村落的问卷调查资料为依据，首先应用层次分析法和多目标线性加权函数法，对湖南传统村落保护与旅游开发的农户满意度进行评价；然后借助结构方程模型（SEM）分析工具，对传统村落保护与旅游开发过程中农户满意度与行为响应的关系及其影响因素进行定量的实证分析研究，进一步分析传统村落保护与旅游开发过程中的农户行为响应机理，并提出相关对策建议，以提高传统村落旅游开发农户满意度，提高农户对村落保护发展的支持度和参与的积极性，为促进传统村落的有效保护和持续发展利用提供决策参考。

第一节　传统村落保护与旅游开发的农户满意度评价

为了更好地了解湖南传统村落保护与旅游开发的满意度水平，在问卷调查的基础上，进一步通过计算农户满意度各指标的满意度指数和总体满意度指数，以直观地了解农户的满意度水平，以及他们在哪些方面比较满意或者哪些方面不太满意。

计算满意度指数有多种方法，如层次分析法、灰色系统分析法和模糊综合评价法等，本研究采用层次分析法（Analytic Hierarchy Process，简称 AHP）进行计算。首先，邀请相关专家通过头脑风暴法，确定影响传统村落旅游开发农户满意度的关键指标，然后根据各指标的重要性程度构造判断矩阵，接着对所构造的判断矩阵进行一致性检验，以确定满意度各影响因素的指标权重，最后结合问卷调查数据赋值后的分数，计算出最终的满意度分值进行评价。

一、指标权重确定

本研究采用层次分析法确定指标权重，以传统村落旅游开发满意度评价作为目标层，通过相关专家的头脑风暴，确定了旅游收入的满意度、权力分配的满意度、村落旅游开发的满意度和村落保护的满意度 4 个具体评价指标，根据专家建议的各评价指标之间相对重要性的程度，得到判断矩阵，见表 6.1。

表 6.1　判断矩阵

	Y1（收入）	Y2（权利）	Y3（开发）	Y4（保护）
Y1（收入）	1	5	6	7
Y2（权利）	1/5	1	3	5
Y3（开发）	1/6	1/3	1	2
Y4（保护）	1/7	1/5	1/2	1

通过判断矩阵表可求得矩阵最大特征根 $\lambda_{max} = 4.180269895$

最大特征向量 w =（0.616，0.226，0.098，0.06）^{T}

计算一致性指标：$CI = \dfrac{\lambda - n}{n - 1} = 0.060089965$

查表 6.2 可得随机一致性指标：RI = 0.90

表 6.2　平均随机一致性指标 RI 标准

矩阵阶数	1	2	3	4	5	6	7	8	9	10
RI	0	0	0.58	0.9	1.12	1.24	1.32	1.41	1.45	1.49

最后计算出判断矩阵的一致性检验系数：CR = CI/RI = 0.066766628

一般来说，如果计算的一致性检验系数 CR<0.1，就说明该判断矩阵拥有较为满意的一致性。由于，本研究计算得到的 CR 值是 0.0667，小于 0.1，所以，所构造的上述判断矩阵的一致性令人满意。由此可知，4 个观测指标 Y1（收入）、Y2（权利）、Y3（开发）、Y4（保护）的权重分别为（0.616，0.226，0.098，0.06）。

二、农户满意度综合评价

在评估传统村落旅游开发农户满意度的 4 个指标中，每一个指标都只是从不同的角度反映农户满意度的某一方面，要想全面反映农户的满意度水平，还需对农户的满意度进行综合的分析评价。本研究选取多目标线性加权函数法，对传统村落旅游开发的农户满意度展开多因素综合性评价，评价模型的函数表达式（王良健，2000）[305] 如下：

$$Y = \sum_{i=1}^{n} w_i * Y_i \tag{6.1}$$

在公式 6.1 中，Y 代表农户满意度综合评价得分值，w_i 代表每个评价指标的权重，Y_i 代表每个单项评价指标的实际综合得分值。所选四个评价指标各自的权重值 w_1、w_2、w_3、w_4 前面已经通过层次分析法求出，分别是 0.616、0.226、0.098、0.06。Y_i 的值由前述问卷调查所得，本研究将调查问卷中农户满意度评价的 5 个等级选项进行赋值。按照惯例，"非常满意"的赋值是 100 分，"满意"的赋值是 80 分，"一般"的赋值是 60 分，"不满意"的赋值是 30 分，而"非常不满意"则是 0 分。

计算过程中先由公式 $Y_i = 1/n(\sum Y_j)$ 计算出农户满意度的各个单项指标得分，式中 n 为回收的调查样本农户数，Y_j 为第 j 张问卷表（农户）的评价分数值。通过对各单项指标逐一进行计算，得到农户满意度的四个指标值分别为 $Y_1 = 60.66$，$Y_2 = 61.48$，$Y_3 = 70.51$，$Y_4 = 66.23$。再根据公式 6.1 计算综合的农户满意度，得到湖南传统村落旅游开发农户满意度的综合评价结果为 $Y = 62.14$。农户对村落开发满意度的评价结果见表 6.3。

表 6.3　农户满意度评估结果

评估指标	旅游收入满意度	权利分配满意度	旅游开发满意度	村落保护满意度	综合满意度评价
得分	60.66	61.48	70.51	66.23	62.14

由表 6.3 可知，湖南传统村落旅游开发农户满意度的综合得分值为62.14，处于一般和满意之间，刚好达到基本满意的水平，说明目前传统村落旅游开发的农户满意度水平还是比较低的，这可能是因为湖南传统村落的旅游开发还处于起步阶段，旅游市场规模相对不大，给大多数农户带来的好处还不是很明显，因此总体满意度并不高。影响农户满意度的 4 个重要指标的分值也不高，也全部都处于基本满意水平，

其中旅游开发和村落保护的满意度相对较高，而相对更重要的两个指标旅游收入和权利分配的满意度相对较低，刚刚达到基本满意水平。一方面，当然还是湖南传统村落的旅游发展整体水平还比较低，经营管理模式也还没有完全理顺，所以无论是旅游收入、权利的分配，还是开发与保护，满意度都不高；另一方面，在传统村落保护与旅游开发过程中，农户最看重的利益还是旅游收入和参与权、知情权、决策权等权力的分配，所以这两项指标相对其他指标来说满意度更低。

第二节　结构方程模型的研究假设与模型构建

一、潜变量和观测变量选择

为了深入分析传统村落保护与旅游开发的农户满意度与农户行为响应的关系，本部分在前述研究的基础上，针对农户认知度、农户参与度、农户满意度和农户支持度等 4 个方面对农户满意度与行为响应的作用机理进行分析，进一步构建包括传统村落保护与旅游开发的农户认知度、农户参与度、农户满意度及农户支持度等 4 个潜在变量和相应的 16 个可观测变量在内的耦合关联及具有因果关系的结构方程模型（SEM），即初始的假设模型中包含 4 个潜在变量及 16 个可观测变量。

农户认知度是指农户对传统村落保护与旅游开发过程的了解程度，本研究选择当地政府是否制定了旅游开发规划、农户对当地的旅游规划是否了解、当地的旅游开发是否按规划实施和当地政府是否对村落投入过资金进行保护或开发等 4 个题项作为观测变量，问卷结果为是或否，相应赋值为 1 或 0。农户参与度是指农户参与到传统村落保护与旅游开发过程中各项工作的程度，选择家庭参与从事旅游服务的人数、家庭年旅游总收入、农户参与村落旅游开发民主决策的情况，以及农户对家庭参与旅游业情况的感知等 4 个题项作为观测变量，每个题项包括 5 个等级，按从低到高的顺序相应赋值为 1，2，3，4，5。农户满意度是指农户对参与旅游开发过程中获得的效用的满足程度，本研究咨询农业经济学和旅游经济学领域相关专家，确定对收入获得、对权利分配、对村落开发和对村落整体保护情况等的满意度 4 个题项作为观测变量，题项选用李克特（Likert）五级量表制，按程度的不同从非常不满意到非常满意共有 5 个等级，相应分别赋值为 1，2，3，4，5。农户支持度是指农户对传统村落旅游开发支持与否以及支持的意愿强度，本研究选择农户打算参与旅游开发的意愿强度、愿意从事旅游服务工作的意愿强度以及农户对旅游开发对传统村落的保护与改善当地居民生活都有好处的认可程度和支持旅游开发对村里的经济社会发展是有利的程度等 4 个题项作为观测变量，各选项也用李克特（Likert）五级量表进行赋值。

二、研究假设与模型

本研究首先根据相关理论和经验判断，提出反映农户满意度与其行为响应关系的概念模型，并通过对问卷调查数据进行拟合，检验初始假设模型是否成立，然后再通过对模型的反复修正，验证和确定假设变量之间相互作用的路径方向以及路径系数值。初步提出以下 5 条路径假设：

假设一：农户在传统村落保护与旅游开发过程中的认知度对其保

护与开发的参与度有显著的正向影响作用；

假设二：农户在传统村落保护与旅游开发过程中的参与度对其保护与开发的满意度有显著的正向影响作用；

假设三：农户在传统村落保护与旅游开发过程中的满意度对其保护与开发的支持度有显著的正向影响作用；

假设四：农户在传统村落保护与旅游开发过程中的认知度对其保护与开发的满意度有显著的正向影响作用；

假设五：农户在传统村落保护与旅游开发过程中的参与度对其保护与开发的支持度有显著的正向影响作用；

根据以上分析和假设，本研究提出传统村落保护与旅游开发农户满意度与行为响应的结构方程模型图如图 6.1 所示。

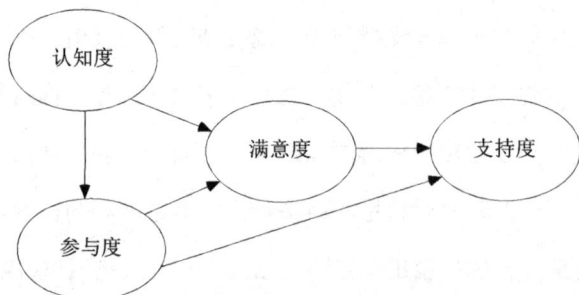

图 6.1　农户满意度与行为响应的结构模型

第三节　数据来源与研究方法

一、数据来源

本章分析使用的数据来源同前，即是对湖南省 10 个传统村落的农户进行调查获得的 257 份有效问卷，被调查农户的基本信息在第三章已详细分析过，本章涉及的信息主要是关于被调查农户的认知度、参与度、满意度和支持度等 4 个维度共 16 个选项的问卷调查数据。

二、研究方法

本研究首先应用 SPSS19.0 对 16 个观测变量进行描述性分析、信度、效度和探索性因子分析，然后运用 AMOS17.0 进行结构方程模型（SEM）分析，检验相关影响因子的作用路径。

结构方程模型（Structural Equation Modeling，简称 SEM）又称协方差结构分析或潜变量分析，它整合了因素分析和路径分析的方法，是一种多元数据分析的重要工具，已广泛应用于社会科学的相关研究领域。结构方程模型中有两个基本的模型：一是测量模型；二是结构模型。测量模型用来反映潜在变量与可观测变量之间的相关关系，是一组可观测变量的线性函数。结构模型则是描述不同的潜在变量相互之间的因果对应关系。

在结构方程模型中，测量模型的矩阵方程式如下（吴明隆，2013）[306]：

$$X = \Lambda_X \zeta + \delta \qquad (6.2)$$

$$Y = \Lambda_Y \eta + \varepsilon \qquad (6.3)$$

公式（6.2）和（6.3）中，X 是由外生的可观测变量构成的向量组，Y 则是由内生的可观测变量构成的向量组，Λ_X 和 Λ_Y 分别代表外部可观测变量和内部可观测变量在潜在变量上的因子载荷矩阵，δ 和 ε 分别代表可观测变量的测量误差项，ζ 与 η 则分别代表外生的潜在变量以及内生的潜在变量。δ 和 ζ、ε 和 η 之间不存在相关性，而且潜变量与测量误差项之间也没有共变关系，或者也不存在因果关系路径。

在结构方程模型中，结构模型的矩阵方程式如下（吴明隆，2013）[306]：

$$\eta = \Gamma \zeta + \zeta \qquad (6.4)$$

$$\eta = B\eta + \Gamma \zeta + \zeta \qquad (6.5)$$

公式（6.4）和（6.5）中，ξ 是外生的潜在变量，η 是内生的潜在变量，Γ 则代表的是外生的潜在变量对内生的潜在变量的影响，而 B 则代表的是内生的潜在变量之间的相互关系，ζ 代表的是结构方程中的残差项，反映了 η 在方程中未能被解释的部分。结构模型中，外因潜变量之间可以无关联，也可以相互关联，而外因潜变量和内因潜变量之间必须是单方向的箭头，即必须前者为因，后者为果，不能颠倒[306]。

本研究主要研究传统村落保护与旅游开发过程中农户的满意度与其行为决策选择之间的相互关系，其中有 4 个潜变量，并且可观测变量也都有测量的误差，因此，结构方程模型（SEM）是较为理想的分析工具。

第四节　数据描述性分析与统计检验

一、数据描述性分析

（1）农户认知度特征。农户认知度潜变量的 4 个观测变量中：首先对旅游保护发展规划了解的情况所占的比例最低，其次是对保护与开发行为是否按旅游规划实施的了解程度，以及对是否制定了旅游规划和政府是否投入资金进行保护与开发的了解程度较高。农户对各个观测变量的认知程度均值都大于 0.5，说明农户的认知程度较高，但对旅游开发过程中的关键问题认知还是有所欠缺。农户认知度的统计描述见表 6.4。

表 6.4 农户认知度统计描述

潜变量	观测变量	变量标签	变量赋值	%	最小值	最大值	均值	标准差
农户认知度	是否制定旅游规划	X1	否 =0	11.7	0	1	0.8833	0.3217
			是 =1	88.3				
	对规划是否了解	X2	否 =0	49.4	0	1	0.5058	0.5009
			是 =1	50.6				
	是否按规划实施	X3	否 =0	35.8	0	1	0.6420	0.4803
			是 =1	64.2				
	政府是否投入资金	X4	否 =0	15.6	0	1	0.8444	0.3632
			是 =1	84.4				

（2）农户参与度特征。在农户参与度潜在变量的 4 个可观测变量中：首先家庭从事旅游服务的人数的分值最低，其次是参与旅游开发民主决策的情况和家庭总收入情况，农户对参与村落旅游业的满意度相对较高，但得分均值也低于 3.5。说明农户的整体参与程度还是相对较低，特别是从业人数和参与决策情况。农户参与度的统计描述见表 6.5。

表 6.5 农户参与度统计描述

潜变量	观测变量	变量标签	变量赋值	%	最小值	最大值	均值	标准差
农户参与度	家庭从事旅游服务人数	X5	没人从事 =1	59.9	1	5	1.5953	0.8703
			有 1 人 =2	25.7				
			有 2 人 =3	10.5				
			有 3 人 =4	2.7				
			有 4 人及以上 =5	1.2				

续表

潜变量	观测变量	变量标签	变量赋值	%	最小值	最大值	均值	标准差
农户参与度	家庭从事旅游服务人数	X5	没人从事 =1	59.9				
			有 1 人 =2	25.7				
			有 2 人 =3	10.5	1	5	1.5953	0.8703
			有 3 人 =4	2.7				
			有 4 人及以上 =5	1.2				
	家庭旅游总收入	X6	没有旅游收入 =1	57.2				
			1 万元及以下 =2	24.9				
			1 万—2 万元 =3	9.7	1	4	2.3502	1.0504
			2 万—4 万元 =4	6.2				
			4 万元以上 =5	1.9				
农户参与度	参与旅游开发决策情况	X7	从未听说过 =1	19.8				
			听过未参与 =2	59.5				
			象征性参与 =3	14.8	1	4	2.0661	0.7600
			主要决策者 =4	5.8				
	参与旅游开发的满意度	X8	非常不满意 =1	3.9				
			不满意 =2	10.5				
			一般 =3	35.4	1	5	3.4708	1.0000
			满意 =4	35				
			非常满意 =5	15.2				

（3）农户满意度特征。在农户满意度潜在变量的 4 个可观测变量中：对传统村落保护与开发过程中旅游收入的满意度和权利分配的满意度的得分值相对最低，对传统村落旅游开发的满意度和传统村落保护的满意度的得分值相对较高，而且得分值均大于 3，但大多数的得分值都低于 3.5。说明传统村落保护与旅游开发的农户总体满意度并不是很高，只是基本接近了满意的水平。农户满意度的统计描述见表 6.6。

表 6.6 农户满意度统计描述

潜变量	观测变量	变量标签	变量赋值	%	最小值	最大值	均值	标准差
			非常不满意 =1	7				
			不满意 =2	16.7				
	旅游收入 满意度	X9	一般 =3	32.7	1	5	3.1868	1.0136
			满意 =4	37.7				
农户参 与度			非常满意 =5	5.8				
			非常不满意 =1	7.8				
			不满意 =2	14.8				
	权利分配 满意度	X10	一般 =3	32.7	1	5	3.2257	1.0512
			满意 =4	36.6				
			非常满意 =5	8.2				
			非常不满意 =1	7.8				
			不满意 =2	14.8				
	权利分配 满意度	X10	一般 =3	32.7	1	5	3.2257	1.0512
			满意 =4	36.6				
			非常满意 =5	8.2				
			非常不满意 =1	1.9				
			不满意 =2	8.6				
农户参 与度	旅游开发 满意度	X11	一般 =3	35	1	5	3.5875	0.9318
			满意 =4	37.7				
			非常满意 =5	16.7				
			非常不满意 =1	2.3				
			不满意 =2	23.3				
	旅游保护 满意度	X12	一般 =3	4.7	1	5	3.4514	0.9634
			满意 =4	66.1				
			非常满意 =5	3.5				

（4）农户支持度特征。农户支持度潜在变量包括 4 个可观测变量，在这 4 个观测变量中：所有变量的均值都大于 4，其中对旅游开发的

支持程度得分值相对较高，均值为 4.25，愿意从事旅游服务工作这一
选项的分值相对较低，均值是 4.05。说明农户的旅游开发整体支持度
很高，对传统村落发展旅游相关产业非常支持。农户支持度的统计描
述见表 6.7。

表 6.7　农户支持度统计描述

潜变量	观测变量	变量标签	变量赋值	%	最小值	最大值	均值	标准差
农户支持度	打算参与旅游开发经营的意愿	X13	非常不满意 =1	3.5	1	5	4.0661	1.1247
			不满意 =2	8.6				
			一般 =3	13.2				
			满意 =4	27.2				
			非常满意 =5	47.5				
	愿意从事旅游服务工作的意愿	X14	非常不满意 =1	1.6	1	5	4.0545	1.0739
			不满意 =2	9.3				
			一般 =3	17.5				
			满意 =4	25.3				
			非常满意 =5	46.3				
农户支持度	对旅游开发的认可	X15	非常不满意 =1	2.3	1	5	4.1128	0.9994
			不满意 =2	3.9				
			一般 =3	19.1				
			满意 =4	29.6				
			非常满意 =5	45.1				
	对旅游开发的支持程度	X16	非常不满意 =1	0.8	1	5	4.2451	0.9133
			不满意 =2	4.3				
			一般 =3	14.8				
			满意 =4	30				
			非常满意 =5	50.2				

二、信度分析

为了验证量表的稳定性或可靠性，利用 SPSS19.0 对潜变量和观测变量的问卷调查数据进行克朗巴哈 α 系数信度检验。信度检验结果见表 6.8。

表 6.8　量表信度检验结果

潜变量	克朗巴哈 α 系数	项数
农户认知度	0.696	4
农户参与度	0.679	4
农户满意度	0.699	4
农户支持度	0.883	4
总量表	0.863	16

由表中数据可知，量表总体的克朗巴哈 α 系数为 0.863，农户认知度潜变量的 α 系数是 0.696，农户参与度的 α 系数是 0.679，农户满意度的 α 系数是 0.699，农户支持度的 α 系数是 0.883，α 系数都大于 0.6，表明量表信度尚可，可以用于进一步分析。

三、效度分析

为了验证调查问卷量表数据的真实性和有效性，本研究利用 SPSS19.0 统计分析软件，通过降维的因子分析对问卷调查数据进行效度检验。分析结果见表 6.9。

表 6.9　量表效度检验结果

	认知度	参与度	满意度	支持度	总量表
KMO	0.632	0.638	0.664	0.777	0.833

		认知度	参与度	满意度	支持度	总量表
巴特利特球度检验	近似卡方	205.026	210.891	459.002	622.711	2189.066
	自由度 df	6	6	6	6	120
	显著性 Sig.	0.000	0.000	0.000	0.000	0.000

由表 6.9 可知，问卷量表总体的 KMO（Kaiser-Meyer-Olkin）值为 0.833，相应的巴特利特球度检验（Bartlett's Test of Sphericity）近似卡方统计量（Approx. Chi-Square）为 2189.066，显著性概率为 0.000，其他几个潜变量的 KMO 值均大于 0.6，Bartlett 球度检验的显著性概率值均是 0.000，表示各变量之间存在极强的相关性，调查得到的数据效度良好，因此适合用来进行因子分析。

进一步应用主成分分析法对量表总体进行探索性的因子分析，以检验总体量表的效度，选择抽取特征值大于 1 的主因子，并经最大方差法对所有因子进行正交旋转。经过分析，特征值大于 1 的因子一共是有 5 个，提取 5 个公因子后对此次问卷调查结果累计的解释率能达到 72.043%，说明因子提取是有效的，通过因子提取解释总方差的情况见表 6.10。

表 6.10　解释的总方差

成分	初始特征值			提取平方和载入			旋转平方和载入		
	合计	方差的 %	累积 %	合计	方差的 %	累积 %	合计	方差的 %	累积 %
1	5.985	37.405	37.405	5.985	37.405	37.405	3.149	19.684	19.684
2	1.936	12.1	49.505	1.936	12.1	49.505	3.096	19.351	39.036
3	1.502	9.389	58.894	1.502	9.389	58.894	2.281	14.256	53.292
4	1.094	6.836	65.73	1.094	6.836	65.73	1.967	12.295	65.587

续表

成分	初始特征值			提取平方和载入			旋转平方和载入		
	合计	方差的 %	累积 %	合计	方差的 %	累积 %	合计	方差的 %	累积 %
5	1.01	6.313	72.043	1.01	6.313	72.043	1.033	6.456	72.043
6	0.827	5.172	77.215						
7	0.72	4.501	81.716						
8	0.624	3.899	85.615						
9	0.514	3.214	88.828						
10	0.395	2.471	91.3						
11	0.334	2.086	93.386						
12	0.289	1.803	95.19						
13	0.256	1.602	96.792						
14	0.239	1.494	98.286						
15	0.161	1.005	99.291						
16	0.113	0.709	100						

提取方法：主成分分析

经过正交旋转以后，得到旋转成分矩阵，见表 6.11。从表中不难看出，所有选项（观测变量）的因子负荷值均在 0.5 之上，超过了 0.5 的标准，而且因子的含义跟预设的潜变量基本一致，说明所选的观测变量指标都是可以的，也表示本量表具有良好的效度。

表 6.11　旋转成分矩阵

观测变量	成分				
	1	2	3	4	5
参与旅游开发经营的意愿 X13		0.758			
从事旅游服务工作的意愿 X14		0.785			
对旅游开发的认可 X15		0.864			

续表

观测变量	成分				
	1	2	3	4	5
对旅游开发的支持程度 X16		0.866			
是否制定旅游规划 X1			0.589		
对规划是否了解 X2			0.612		
是否按规划实施 X3			0.661		
政府是否投入资金 X4			0.728		
家庭从事旅游服务人数 X5				0.885	
家庭旅游总收入 X6				0.838	
参与旅游开发决策情况 X7				0.553	
参与旅游开发的满意度 X8	0.832				
旅游收入满意度 X9	0.871				
权利分配满意度 X10	0.845				
旅游开发满意度 X11	0.67				
旅游保护满意度 X12					0.973

提取方法：主成分

旋转法：具有 Kaiser 标准化的正交旋转法

旋转在 5 次迭代后收敛

第五节　结构方程模型结果与分析

一、模型估计结果

本研究利用 AMOS17.0 软件通过极大似然估计法对湖南传统村落旅游开发农户满意度与其行为响应之间关系的预设模型进行参数的

估计，在对初始模型进行几次修正以后，得到最终模型主要参数的估计结果和标准化的路径系数，见表 6.12，以及如图 6.2 所示。

表 6.12　影响路径以及载荷系数的估计结果

			Estimate	S.E.	C.R.	P	Label
参与度	<---	认知度	0.62	0.683	5.497	0.000	par_17
满意度	<---	认知度	0.231	0.625	2.18	0.029	par_13
满意度	<---	参与度	0.81	0.157	5.031	0.000	par_14
支持度	<---	参与度	−0.766	0.461	−1.254	0.21	par_15
支持度	<---	满意度	1.302	0.448	2.242	0.025	par_16
X1	<---	认知度	0.468				
X2	<---	认知度	0.707	0.404	5.903	0.000	par_1
X3	<---	认知度	0.824	0.427	6.193	0.000	par_2
X4	<---	认知度	0.529	0.223	5.696	0.000	par_3
X5	<---	参与度	1.208	0.279	4.119	0.000	par_6
X6	<---	参与度	0.284	0.078	4.029	0.000	par_5
X7	<---	参与度	0.113	0.066	1.436	0.151	par_4
X8	<---	参与度	0.907				
X9	<---	满意度	0.876				
X10	<---	满意度	0.834	0.043	23.118	0.000	par_7
X11	<---	满意度	0.807	0.071	11.962	0.000	par_8
X12	<---	满意度	0.092	0.073	1.365	0.172	par_9
X13	<---	支持度	0.611				
X14	<---	支持度	0.734	0.13	8.878	0.000	par_10
X15	<---	支持度	0.891	0.189	6.877	0.000	par_11
X16	<---	支持度	0.832	0.147	7.532	0.000	par_12

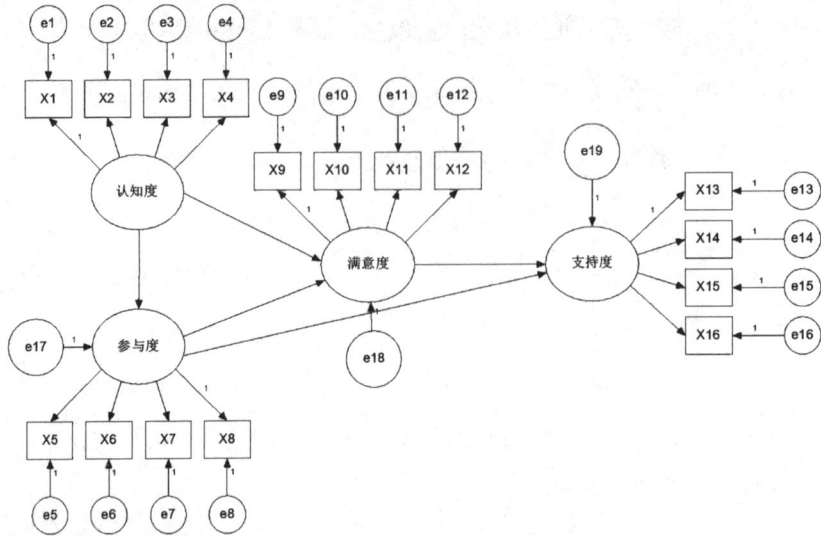

图 6.2　修正后的结构方程模型

二、模型适配度检验

适配度是用来对预设的路径分析模型图与调查搜集的数据之间相互适配情况进行评价的指标，并非是对路径分析模型的优劣进行判断。对模型适配度的讨论，是分析假设的理论模型与实际数据的一致性程度。整体模型适配统计量及其评价标准[306]见表 6.13。本研究的最终模型主要适配度指标计算结果见表 6.14。

表 6.13　整体模型适配统计量及其评价标准

指标体系	检验统计量	指标含义	检验标准或临界值
绝对适配度指数	X2（CMIN）	卡方拟合优度指数	显著性概率值 P＞0.05
	GFI	良性适配指数	＞0.90
	AGFI	调整后良性适配指数	＞0.90
	RMR	残差均方根	＜0.05
	RMR	标准化残差均方根	＜0.05

续表

指标体系	检验统计量	指标含义	检验标准或临界值
绝对适配度指数	RMSEA	近似残差均方根	<0.05 良好适配，<0.08 基本适配
	NCP	非集中性参数	越小越好，90% 的置信区间包含 0
	ECVI	期望跨效度指数	理论模型值＜独立模型值，且理论模型值＜饱和模型值
增值适配度指数	NFI	规则适配指数	＞0.90
	RFI	相对适配指数	＞0.90
	IFI	增值适配指数	＞0.90
	TLI/NNFI	非规则适配指数	＞0.90
	CFI	比较适配指数	＞0.90
简约适配度指数	PGFI	简约适配度指数	＞0.50
	PNFI	规则适配指数	＞0.50
	CN	临界样本数	＞200
	NC	卡方 $\chi 2$ 自由度比	＜2.00 优良，＜3.00 良好

表 6.14　最终整体模型适配的主要统计量及评价结果

检验统计量	指标实际值	评价结果
$\chi 2$（CMIN）	38.325，显著性概率 .966	适配良好
GFI	.982	适配良好
AGFI	.956	适配良好
RMR	.018	适配良好
RMSEA	.000	适配良好
NCP	.000	适配良好
ECVI	0.775	适配良好
NFI	.983	适配良好
RFI	.963	适配良好
CFI	1.000	适配良好

模型拟合结果表明：CMIN 卡方值显著性概率大于 0.05，GFI、AGFI、NFI、RFI、CFI 的值均大于 0.9，RMR、RMSEA 的值均小于 0.05，NCP 值为 0，ECVI 值为 0.775，小于饱和模型的 1.063，也小于独立模型的 8.887，假设模型的几项主要拟合指标均达到了适配良好的标准，因此该模型拟合效果良好，假设模型与观察数据之间可以进行良好的适配。

三、模型结果分析

从模型拟合结果表 6.12 可以看出，各潜变量对农户的行为响应均存在一定的影响作用。其中，农户的认知度对农户的参与度影响方向为正，标准化的路径系数是 0.62，相应的概率 p 远小于 0.001，在 1% 的统计水平下显著。表明农户认知度对农户参与度有显著的正向影响作用，农户对村落旅游开发的认知度越高，农户参与保护与旅游开发的积极性就越强，参与度就越高，因此，倘若假设一成立。其原因主要是：农户对旅游开发的认知程度越高，对村落旅游开发带来的影响了解得越深入，特别是旅游开发能带来诸多的积极影响，越认识到旅游开发对自己有利，就越愿意参与到村落的旅游开发中来。进一步由表 6.12 可知，农户认知度各观察变量的路径系数均大于 0.5，并且在 1% 的显著性水平下显著，说明各观测变量对农户认知度这一潜在变量均有极为显著的影响，其中 X3（村落旅游开发是否按规划实施）的标准因子载荷数最高，载荷值为 0.824，因此，是否按规划实施对农户的认知影响最大。这一结论的重要启示在于：在传统村落旅游开发过程中，应先制定旅游规划，并严格按规划实施，这样才能使得各方利益得到保障。

　　村落旅游开发的农户参与度对农户的满意度影响方向为正，标准化的路径系数是 0.81，相应的概率 p 远小于 0.001，在 1% 的统计水平下显著。表明农户的参与度对农户的满意度有较为显著的正向影响作用，农户在村落旅游开发过程中的参与度越高，农户对村落保护与旅游开发的满意度就越高，因此，倘若假设二成立。其原因主要是：农户在旅游开发过程中的参与度越高，越能行使自己的权利，在村落旅游开发中获得的利益就越大，相应的满意度也就越高。进一步由表 6.12 可知，农户参与度各观察变量中 X5 和 X8 的路径系数大于 0.5，分别是 1.208 和 0.907，并且在 1% 的显著性水平下显著，说明 X5（家庭从事旅游服务的人数）和 X8（对旅游业参与情况的满意度）对农户参与度潜变量有显著影响，而 X6（家庭旅游总收入）虽然通过了显著性检验，但路径系数略低，参与旅游开发民主决策的情况对参与度的影响并不显著，因此，家庭参与旅游服务的人数和参与旅游业的满意度对农户参与度的影响是最大的。

　　农户的满意度对农户的支持度影响方向为正，标准化的路径系数是 1.302，相应的概率 p 值是 0.025，没能达到 1% 的显著性标准。表明农户满意度对农户支持度有一定的正向影响作用，但不是非常显著，农户对村落旅游开发的满意度越高，农户就越愿意支持旅游开发，支持度就越高，所以，倘若假设三成立。其原因主要是：农户对旅游开发的满意度越高，说明农户在旅游开发过程中获得了自己想要的利益，就越愿意支持村落的旅游开发。进一步由表 6.12 可知，农户满意度 3 个观察变量的路径系数都大于 0.8，并且在 1% 的显著性水平下显著，说明这 3 个观测变量对农户满意度潜变量均有显著影响，只有 X12（村落整体保护的满意度）的标准因子载荷数最低，载荷值只有 0.092, 因此, 农户对村落的保护是不是很关心, 但是对收入、权利、开发问题却很敏感。这一结论的重要启示是: 在传统村落旅游开发过程中, 要切实让村民获得收入上的利益, 履行应有的权利, 做好开发工作, 才能使农户满意, 农户才更愿意支持保护与开发工作。

农户的认知度对农户的满意度影响方向为正, 标准化的路径系数是 0.23, 相应的概率 p 值是 0.029, 没能达到 1% 的显著性标准。表明农户认知度对农户满意度有一定的正向影响作用, 农户对村落旅游开发的认知度越高, 相应的满意度也会提高, 但影响作用不是特别显著, 所以, 倘若假设四部分成立。其原因主要是: 农户对旅游开发的认知程度越高, 对相关情况越了解, 说明旅游开发的信息更加公开透明, 满意度也会高些; 此外, 认知度还通过参与度对满意度产生间接影响, 所以直接的影响作用相对可能小一些。

农户的参与度对农户的支持度影响方向是负的, 标准化的路径系数是 -0.76, 相应的概率 p 值是 0.21, 没达到显著性水平。表明农户参与度对农户支持度可能会产生负向的影响作用, 但并不显著, 所以, 倘若假设五不成立。其原因主要是: 农户参与度主要通过农户满意度影响农户的支持度, 而直接的影响并不显著。进一步由表 6.12 可知, 农户支持度各个观察变量的路径系数均大于 0.6, 并且显著性水平都达到了 1% 的水平, 说明所选的各个观测变量对农户支持度这一潜变量均有显著的影响作用, 其中 X15 (对旅游开发的认可程度) 和 X16 (对旅游开发的支持) 两个观测变量的标准因子载荷数分别为 0.891 和 0.832, 因此, 在传统村落旅游开发过程中, 一定要得到农户的认可和支持, 这样才能提升农户的支持度, 有了农户的积极支持和参与，才能更好地实现传统村落的有效保护和持续发展利用。

第六节 结论与建议

一、结论

通过对传统村落旅游开发过程中农户满意度与农户行为响应之间关系的实证分析，研究发现：在传统村落的保护与旅游开发过程中，农户对村落保护与开发的认知度对其参与村落保护发展的参与度有显著的正向影响作用，农户的参与度对农户的村落保护与旅游开发满意度有显著的正向影响作用，农户的满意度对旅游开发的支持度有显著的正向影响作用，农户的认知度对旅游开发的满意度有显著的正向影响作用，农户的参与度对村落保护与旅游开发的支持度的直接影响作用不显著。

农户认知度对农户参与度和农户满意度的影响主要体现在政府是否制定了旅游规划、农户对旅游规划是否了解、村落的旅游开发是否按规划实施，以及地方政府是否投入资金进行村落的开发和保护；农户参与度对农户满意度的影响主要体现在家庭从事旅游服务的人数、家庭旅游总收入和农户对参与旅游开发的满意度感知；农户满意度对农户支持度的影响主要体现在传统村落旅游开发过程中农户对旅游收入、权利分配和旅游开发的满意度感知；农户支持度主要体现在打算参与从事旅游开发经营的意愿、愿意从事旅游接待服务工作的意愿、对村落保护与旅游开发的认同及支持的程度等。

二、建议

根据以上关于农户满意度和农户行为响应关系的实证分析结果和实地考察调研情况，提出以下建议：

（1）传统村落保护与旅游开发过程中，要提高农户的认知度，就需要村落旅游规划、政府的资金投入、规划的实施情况更加公开、透明，只有这样才能进一步提高农户的积极性和主动性，切实提高参与度和满意度。

（2）要提高农户的参与度，就需要创造更多的就业机会，让农户家庭有更多的人从事旅游服务工作，家庭有更多的旅游收入，对参与旅游业的情况更加满意，这样才能进一步提高农户的满意度和支持度。

（3）要提高农户的满意度，就需要更加关注旅游收入的分配，以及参与权、知情权、决策权等权利的分配，这样才能进一步获得农户的支持，提高农户的支持度，农户参与旅游开发经营和从事旅游服务的意愿将更加强烈，对旅游开发也更加认可和支持。

第七节　本章小结

本章应用结构方程模型工具和方法，对传统村落保护与旅游开发过程中农户满意度与行为响应的关系进行了实证分析。研究结果表明：传统村落保护与旅游开发过程中，农户的认知度对农户的参与度有较为显著的正向影响作用，农户的参与度对农户的满意度有非常显著的正向影响作用，农户的认知度对农户的满意度有极为显著的正向影响作用，农户的满意度对农户的支持度有非常显著的正向影响作用。目前，湖南传统村落保护与旅游开发的整体满意度还比较低，总体上处于基本满意的水平，其中对村落旅游开发和保护的满意度相对较高，对旅游收入和权力的分配满意度相对更低。因此，传统村落保护与旅游开发过程中，要通过增加村落旅游开发信息的公开透明，提高农户的认知度；要尽可能地创造并提供更多的就业机会及就业岗位，提高农户的参与度；要注重旅游收入、民主权利的分配，提高农户对村落保护与开发的满意度。这样才能提高农户的支持度，使农户对传统村落的保护与旅游开发更加认可和支持，才更有利于进一步推进传统村落的有效保护以及可持续发展利用。

传统村落保护与旅游开发的调控机制研究

　　传统村落保护与旅游开发看似一对矛盾，实际上却殊途同归，关键是能否找到其共同方向，能否找到实现保护与开发双赢的平衡点，核心问题在于构建相应的管理体系和调控机制。而传统村落保护与旅游开发过程中各利益主体之间关系的协调，是影响其保护效果和村落可持续发展的关键，同时也一直是学界研究的热点所在。已有的研究焦点主要集中在传统村落旅游开发的经营管理模式、社区参与模式、利益分配机制等方面。代表性的研究有，郭谦等（2002）以安徽宏村为例，对传统村落保护开发过程中的多方参与和可持续发展问题进行了研究[307]。王燕华（2008）从古村落各利益主体的角度，分析了古村落旅游开发的经营和管理模式[308]。刘旺等（2008）以四川省的甲居藏寨为例，对少数民族文化村落旅游的社区参与机制进行了探讨[309]。陈庚（2009）以婺源县李坑村的实地调查为基础，对古村落保护与开发的居民主体核心作用进行了分析研究[310]。樊海强（2010）对福建省上坪村的保护、经营和监管系统，以及持续发展问题进行了研究[311]。于吉京（2010）以湖南岳阳县张谷英村为例，从社区参与的视角，对古村落旅游开发经营模式进行了分析[312]。纪金雄（2010）以福建省下梅村为例，利用共生理论对古村落的利益主体行为进行了分析[313]。武晓英等（2014）以云南西双版纳为例，对旅游发展过程中旅游利益分配的社区参与问题进行了探讨[314]。董广智（2016）从公共旅游资源的视角，探讨个利益主体间的利益分配问题[315]。张耀一（2016）以乡村旅游地为例，探讨参与性开发模式以及旅游利益的分配问题[316]。通过已有文献分析发现，学者的相关研究主要单独从传统村落的开发经营模式和社区参与模式进行进行探讨，少有学者从传统村落农户行为响应的内在机理去分析各利益相关者之间的关系，而农户作为传统村落的主人和主体，其决策行为选择是影响传统村落保护与旅游开发效果的关键，因此从农户决策行为的角度来探讨传统村落保护与旅游开发的调控机制具有重要意义。在前人研究成果基础上，本章以前述研究结论为依据，充分吸收已有典型村落保护发展的成功经验，并针对保护与旅游开发中存在的共性问题，本着充分发挥农户主体作用和切实维护农户主体利益的原则，基于"地方政府—旅游开发商—村落农户""三位一体"的理念，提出了"政府主导、农户主体、公司参与"的传统村落保护与旅游开发管理体系。在具体的机制建构方面，始终以农户决策行为选择与主体利益为核心来进行设计，全面构建确保农户权益的产权机制、民主决策机制与收益分配机制等；发挥政府在科学规划、资金投入、政策扶植等方面的主导作用，如建立传统村落保护与旅游开发的规划引领机制、领导协调机制、矛盾纠纷排查防范机制、应急处理机制以及监管机制等。

第一节 "政府—农户—公司""三位一体"的保护与开发管理体系构建

"三位一体"的协同保护发展机制是指传统村落的保护与旅游开发应由政府主导、农户主体、公司参与，政府主导是由于传统村落的公共资源属性和政府的职能所决定的，农户主体地位是由于传统村落遗产资源的构成和民居的所有权关系决定的，公司参与则是由于传统村落保护与旅游开发的现实困境和企业的优势所决定的。政府应该与旅游公司、当地农户分工协作，由当地农户作为传统村落保护与开发利用的主体，政府发挥主导作用，引导社会资本通过政府授权进行传统村落的保护与旅游开发，政府、农户、公司相互影响，相互作用，形成"政府—农户—公司""三位一体"的保护与开发管理体系。

一、政府主导

政府作为传统村落保护与旅游开发过程中最主要的利益主体之一，对传统村落的保护与开发起着非常显著的作用。传统村落凝聚着大量的物质和非物质文化遗产，是优秀中华民族文化的重要组成部分，是全国人民的共同财产和心灵的家园。从经济学的角度看，传统村落属于公共性资源，具有非排他性，客观上需要政府参与管理和调控，而政府是公众利益的代表，政府的职能就是不断增加全社会的福利，关注的是社会经济文化生态等综合效益。因此，传统村落的整体保护、公共基础设施建设等服务只能由政府来提供，传统村落的保护与旅游开发涉及多个利益相关者，各利益主体之间的关系需要政府部门来协调，保护与开发的矛盾需要政府来协调，所以，传统村落的保护与旅游开发离不开政府的主导作用。在传统村落保护过程中，政府的主要职能是相关政策法规的提供者、文化生态的保护者和利益关系的协调者。因此，政府一方面应当在传统村落保护与旅游开发中制定且并不断完善法律规章，以保障农户的主体利益为核心，最大限度地保护和利用好传统村落；另一方面，政府应协调好传统村落各利益主体之间的关系，鼓励社会资本参与传统村落的保护和发展，建立政府推动、社会参与的协同保护发展格局，调动社会各方力量积极主动参与，为村落农户和旅游开发公司营造一个良好的环境，确保各方利益得以实现。

二、农户主体

传统村落农户是其保护与开发利用的主体，当然也是村落开发中最为重要的利益相关者。农户是传统村落的主人，是村落民居的产权所有者，是古建筑等村落实体的创造者和民风民俗等非物质文化遗产的载体，村落文化的生产、使用和传承，都是由农户实现的，农户是传统村落的根脉所在。不管是村落文化遗产的有效保护，或是合理的开发利用，都离不开农户的积极支持和参与。农户积极主动地参与到传统村落保护与开发利用过程中，有助于传统村落的有效保护和可持续发展。一方面，村落旅游发展为农户创造就业机会，通过参与旅游经营服务可增加经济收益，但收益多少因人而异，而且往往都不高；另一方面，随着村落旅游业的发展，会对自然生态环境和社会文化环境带来一定的影响和冲击，农户因此同样也要承担旅游影响带来的风险。因此，要突出农户在传统村落保护发展中的主体地位，切实保障农户的主体利益，鼓励农户按照传统方式习惯开展乡土文化活动，加强保护相关的空间场所、物质载体及生产生活资料，让农户在参与的过程中获取更多的好处，减少农户参与村落保护与旅游开发可能面临的风险。

三、公司参与

由于传统村落保护与旅游开发过程中需要大量的资金、市场经营技术和先进的管理理念等，而政府和农户在这些方面都有明显的缺陷。因此，旅游公司也是主要利益相关者，旅游公司参与传统村落的保护与旅游开发，有利于促进村落遗产的开发利用，具有十分重要的意义。旅游公司拥有资金实力、经营管理能力和市场化运营等方面的优势，一般是通过政府批准授权或整体租赁等经营权转让方式获得村落开发利用的权利，然后利用其专业技术优势深入挖掘传统村落的各种资源，并进行优化整合，创造出更多富有竞争力的旅游产品，扩大传统村落的旅游客源市场范围和规模，提升旅游开发的水平和效益。在传统村落旅游开发过程中，旅游公司与其他的利益主体形成一种竞争合作关系。村落旅游开发中的利益分配模式对各利益主体的行为具有重要影响，如果旅游开发公司在旅游发展中注重长远效益，将基础设施建设、景区开发、民居的维护修缮等各个项目进行长远规划，调动农户的积极性，为农户谋取更多的利益，更好地处理好旅游公司与政府和农户之间的关系，就能实现各利益主体以及村落保护发展的多赢。但如果各参与主体之间的利益分配不平衡，就会出现各种各样的复杂问题，进一步加剧各利益主体之间的矛盾冲突。但旅游开发商都是逐利的，其在传统村落旅游开发中的利益诉求往往是通过投资而获得高额的经济回报，故而其开发经营行为往往都只是着眼于眼前利益，具有一定的盲目性、短视性，很可能造成村落旅游的过度商业化，破坏村落文化遗产。而且旅游公司在利益分配中一般都很强势，导致农户的利益诉求往往得不到重视，甚至被忽视。因此，必须有相应的法律法规和监督管理机制对旅游开发商的行为加以监管和限制，才能平衡各方利益，化解矛盾冲突。

第二节　传统村落保护与旅游开发的调控机制构建

一、农户权益保障机制构建

传统村落的农户是村落的真正主人，是村落存续的见证者和活力所在，是村落保护和开发利用的主体。只有确保农户权益，让农户平等分享旅游发展的成果，增强获得感；为农户创造更多就业增收的机会；为农户营建良好的人居环境和现代生活空间，才能留住人。有人的村落才有生机和发展的内在动力，才能世代绵延下去，否则如果村落人口逐渐流失，将导致村落"空心化"，甚至最后走向消亡。为全面保障农户权益，在机制构建方面要始终以农户决策行为与主体核心利益来设计，合理构建传统村落保护与旅游开发过程中的产权机制、民主决策机制与收益分配机制。

（1）产权机制构建。目前，很多传统村落由于大量人口外出而成为"空心村"，导致越来越多的民居古建筑坍塌损毁，而对这些古民居的维护修缮和开发利用，需要投入大量的资金，农户自己没有承担能力，虽说有部分财政资金支持传统村落的保护与发展，但与巨大的保护资金需求相比，财政资金的投入简直可以说就是杯水车薪。因此，为解决传统村落保护与发展过程中的资金瓶颈问题，急需引入社会力量，建立多元投入保护机制。但一般传统村落的各种产权关系较为复杂，大部分老建筑都属于私人所有，而且有的是多户共有，产权关系难以明确，再加上现行农村产权制度的限制，严重阻碍了社会资本投入的积极性，影响了传统村落遗产的保护进程，因此，需对传统村落保护发展中的产权制度进行改革和完善。

一方面要完善有关传统村落保护的法律制度，加快村落房地确权步伐，尽快完成农村宅基地和古民居的所有权确认和发证，使农村宅地产权关系明晰；另一方面要加快农村宅地产权制度革新，推进农村宅地产权的流转。健全多渠道宅地产权流转机制，推进传统村落中私人住宅所有权和经营权分离，恢复农村集体宅基地的处置权和收益权，支持投资者对产权明晰的传统村落建筑通过租赁和买卖等方式进行经营。健全村落的认领保护制度，允许外来人口"认养"传统建筑。提高村落中农户的古民居、古建筑进行转让或租赁时候的价格，激励农户对其老宅子进行转让或流转，支持国有经济组织或村落集体经济机构通过产权的流转，对古民居、古建筑统一进行维护与开发利用。

（2）民主决策机制。农户是传统村落的主人，是村落保护与开发最直接的利益相关者，对村落的保护和开发利用路径选择和利益分配等方面都应有自己的权利。因此，要建立一套科学的民主决策机制，让农户在村落的保护与旅游开发过程中能够充分行使自己的权利，积极参与村落保护与发展的各项决策。就是要建立农户参与机制，在制定村落的保护发展规划、实施村落的保护利用等项目时，应充分尊重农户意愿，让农户参与到有关村落保护与发展的重大决策过程中，成为名副其实村落主人和决策主体，使有关村落发展的决策能更好地体现绝大多数农户的意愿，进一步培养农户的主人翁意识，从而使农户支持并积极主动地参与到村落的保护与旅游开发中来，助力传统村落的有效保护和可持续发展。农户参与村落保护和旅游发展的民主决策机制可从两方面构建：一是要让农户有参与民主决策的机会和途径，可创设相应的组织机构，机构成员主要由农户代表组成，并授予该组织代表农户行使民主权利的权力，让其成为名副其实的旅游管理机构和民主决策机构，然后通过民主选举产生组织的领导和代表，真正成为农户表达意见和参与决策的机构。二是有关村落保护和旅游发展战略方向、旅游规划、农户参与、利益分配等重大决策问题，应广泛进行宣讲，多方征求和听取农户意见，使农户充分地解村落保护与旅游发展的目标愿景，使旅游规划的实施不再只是一种政府行为，而是充分体现村落农户的意愿，使农户不再是旁观者而成为村落的真正主人。

（3）利益分配机制。历史文化村的保护与开发利用过程中涉及多个参与者的利益，如何进行利益分配，将对各方行为产生重要影响，特别是作为传统村落主人的农户利益诉求能否得到满足，将在很大程度上决定保护与开发利用的成效。公平合理的利益分配与协调机制，将使保护与开发工作得到农户的大力支持并积极参与，而如果村落的农户不能从传统村落旅游开发过程中得到相对平等的经济收益和就业机会，就会对村落的保护与旅游开发持排斥和厌恶的态度，极端的情况下可能导致激烈的对抗和冲突，破坏村落的旅游发展。当前，虽然农户是村落的主人，但在各种开发模式中均处于利益分配的弱势地位，极大地影响了参与村落保护和开发的积极性和主动性。一方面是旅游公司或政府部门较为强势，在旅游开发和利益分配中占据主导地位，对农户的利益诉求不够重视；另一方面，大多数村落里留下来的多半是老人和小孩，受限于自身的能力和素质，无法深入参与到旅游开发中，因此，利益分配所得较为有限。

为了确保传统村落保护和发展过程中各参与主体的利益诉求，特别是要切实保护农户的核心利益，应在利益共享、公平公正、农户优先的原则下，构建多方式、多渠道、多层次的利益分配机制。

一是农户通过参与到旅游经营服务中而获得相应收入的方式进行分配。为有效提高农户的收入，村落旅游发展过程中，政府应积极出台相关扶持政策，为农户提供创业和就业等参与旅游服务提供法律上的支持。要为当地农户提供尽可能多的就业岗位和职业技能培训机会，提高农户的综合素质和能力，使其在参与旅游发展的过程中更好地创业或在旅游公司能获得更好的工作岗位，增加农户的收益分配所得。

二是农户通过转让产权获得租金收入的方式进行分配。一般是在保持用地性质不变的情况下，村集体通过多种方式，将农户的土地、房屋等资源集中到一起，再由集体整体承包或租赁给那些实力雄厚的旅游公司进行开发经营，而农户从中获得一定的租金收入或股利分红，同时对开发商的经营管理活动进行监督，确保村落的合理开发利用和村民的合法利益。在这个过程中，农户的资源实现了增值，村落旅游规模也得以发展壮大。而且尽管农户的资源被流转，但所有权仍然在农户手中，一定程度上减少了农户的风险感知。

三是通过对农户被征收的土地进行补偿的方式予以分配。农户拥有土地的经营权和住宅的所有权，旅游开发中应尽量不采用征地和拆迁等易引发矛盾冲突的措施，如果必要，一定要根据国家有关法律法规，对土地被征收的农户给予合理的补偿，规范土地征用的补偿机制。补偿方式要多元化，可将补偿方式与农户的生产生活方式联系起来，使村落旅游发展与当地的特色农业相结合，调动农户以多种方式参与到村落保护和旅游开发过程的积极性，真正替农户的长远利益着想。

四是通过生态补偿的方式进行分配。生态补偿是运用多种经济手段，如奖励、罚款、收费等办法来保护和恢复生态系统的一种制度。村落旅游发展会不同程度地对当地生态环境带来一定的污染和破坏，而农户是旅游发展负面影响的直接承担者，因此，通过征收一定的税费，用于污染治理、生态环境美化和生产生活条件改善，是对当地农户的一种补偿或者间接的利益分配。

五是农户通过集体入股获得股利分红的方式进行分配。在农村房地等资源产权明晰的情况下，农户可以产权、实物、资金等多种形式参股旅游发展，并在年终分配的时候，根据持有的股份比例获得相应的现金收益。在这种股份制投资方式下，村落社区和当地农户有机会分配到大部分的旅游收益，最大限度地保护了农户的利益，进一步可以提高村落的农户对其保护与开发利用的支持度和参与度，积极推动村落的有效保护和持续发展。

六是通过创设传统村落的发展保障基金方式进行分配。为保障村落里老、弱、病、残等无力参与旅游发展的特殊群体的利益，可以建立村落保障机制来平衡利益分配。为此，应从旅游收入中提取一部分公益金作为保障基金，用来对老年人、全体农户的医保社保、特殊困难家庭等进行适当补贴，通过保障机制，让更多的农户感受到旅游发展带来的实惠，增强农户对村落文化的认同感，提高凝聚力，激发农户参与村落保护与旅游开发的主观能动性，形成传统村落可持续发展的内生动力。

二、政府领导协调机制构建

传统村落的保护与旅游开发过程中，为了更好地发挥政府的主导作用和协调职能，应构建政府领导协调机制，协调各方利益和矛盾，尊重农户在村落保护与发展中的民各项民主权利，切实保护农户的主体利益，使农户真正成为传统村落保护和开发利用所依靠的主体，以及村落发展成果的分享者。

（1）成立传统村落保护与发展工作委员会，成员由住建、文旅、财政、农业等政府职能部门的领导组成，统筹协调传统村落的保护与发展工作。主要职能体现在：一是引领制定传统村落规划，构建农户参与机制，制定村落保护与发展规划时，要充分尊重农户意愿，吸收和采纳农户的合理建议，确保规划科学合理，并严格执行保护与发展规划；二是加大各类资金的投入，对不同类型的资金和项目进行整合，积极探索对传统村落进行开发和保护的多元投入机制，创建由政府推动、全社会共同参与的保护与开发机制；三是积极出台相关扶持政策，对传统村落的保护与开发给予全方位的支持，不断完善传统村落的基础设施，在符合保护规划要求的前提下，结合新时代美丽宜居村庄的建设，改善农户居住条件，提高传统村落人居环境品质，在保护和传承好传统生活习俗和生产方式的同时，结合村落特色和优势，适度发展新兴业态，不断增加农户收入，增强村落的生产生活功能，让传统村落真正成为当地村民心灵的家园；四是对传统村落保护与开发进行督察，引入第三方考核评估机制等方式，加强对村落保护与开发的绩效评估，对保护发展规划的实施情况、保护与开发状况定期进行监督检查，对不按规划实施、破坏文化资源的各类行为进行严肃查处；五是加强传统村落的教育宣传，通过网络、电视及各种新媒体，向公众展示和宣传传统村落的独特魅力和价值，普及村落的传统文化资源知识，增强传统村落全体民众的保护意识和自觉性，在社会上营造和形成传统村落保护与开发的环境氛围。

（2）成立传统村落保护与发展协调委员会，成员由公安、法院、信访、民政、司法等政府职能部门的领导组成，统筹协调处理传统村落保护与开发利用中各参与主体之间的利益关系和可能出现的各种矛盾纠纷。主要职能体现在：矛盾纠纷排查防范和应急事件处理。矛盾纠纷排查防范的基本目标是要从源头去预防和化解可能出现的矛盾纠纷，集中解决影响村落和谐发展的突出矛盾纠纷；矛盾纠纷排查的工作重点是：村落保护和旅游发展过程中因土地征用、经济补偿、宅基地转让、旅游经营服务、旅游收入分配、房屋维护修缮和拆建等引发的突出问题；矛盾纠纷化解的工作机制包括预警机制，督查指导机制，应急事件处置机制等。即通过构建舆情信息网络，对各种影响社会和谐稳定的信息进行监控，切实做好预警和防范；对相关工作开展情况和存在问题及时进行通报，对当事人的思想动态和行为意向做到了如指掌，严防激化矛盾；对矛盾较为突出的问题或可能引发群体性事件的人和事，要全力做好化解工作。

（3）成立传统村落保护与发展专家指导委员会，成员由建筑、规划、民俗、利用、艺术、文化、遗产以及人类学等多个学科领域的知名专家和政府的文物管理部门领导组成，会同住建、文化、财政、国土等部门，创建传统村落保护与开发的协调机制，积极开展相关基础性的研究、为参与各方提供技术上的指导和战略决策咨询，开展现场指导和培训。加强对地方干部、规划建设实施和管理的有关人员和参与维护修缮的当地建筑工匠等从业人员的技能培训，落实专家驻村制度，经常开展督导检查和保护技术指导，在"保什么"和"如何保"方面必需听取有关专家的意见，确保村庄整治、房屋维护修缮等不会破坏原有的整体风貌和建筑风格。

第三节　本章小结

本章以前几章的研究结论为依据，充分吸收已有典型村落的成功经验，针对传统村落保护与旅游开发过程中存在的共性问题，本着有效发挥农户主体作用和切实维护农户核心利益的原则，提出了"政府主导、农户主体、公司参与""三位一体"的传统村落保护与开发管理体系，详细地阐述了政府主导、农户主体、公司参与的现实必然性，以及在传统村落保护与发展中各自的目标和行为选择。在具体机制建构方面，始终以农户决策行为与主体利益为核心来设计，全面构建了确保农户权益的产权机制、民主决策机制与收益分配机制等；为发挥政府在科学制定保护与发展规划、保护与开发资金的投入、制定扶持政策等方面的主导作用，构建了传统村落保护与开发过程中的规划引领机制、领导协调机制、矛盾纠纷排查防范机制与应急处理机制及监督管理机制。

第八章

研究结论与政策建议

第一节　研究结论

　　本研究基于湖南 10 个传统村落 257 户农村居民的访谈与问卷调查，主要应用调查统计分析、三方博弈模型、多项有序 Logistic 模型，以及结构方程模型（SEM）等计量分析工具，对传统村落保护与旅游开发的区域比较、农户行为响应机理及其影响因素、旅游开发的农户满意度和行为响应之间的关系，以及传统村落保护与开发的管理体系和调控机制等展开了较为深入的规范分析和实证检验。通过本课题的分析研究，主要得出以下几点结论：

　　（1）通过对湖南传统村落的区域比较分析，概括总结出湖南传统村落的特征。例如，湖南传统村落数量多，中国传统村落的数量在全国处于三甲的位置。类型丰富，主要有汉族村寨和以苗、侗、瑶、土家等为主的特色少数民族村寨，特色民族村寨的主要分布区域在湘西地区。村落形成时间最早可追溯到唐代，但以明清时期的村落最多。空间分布极不均匀，从区域分布看，湘西地区传统村落最多，湘南地区其次，湘中东地区最少；从市州分布看，湘西地区的自治州传统村落数量最多，其次是怀化市和永州市，最少的是株洲和湘潭；从村域面积看，湘北地区和湘西地区的村域面积较大，而湘中东地区和湘南地区的村域面积较小；从村庄占地面积看，湘中东地区的村落占地面积最大，其次是湘北地区，湘西和湘南地区则差别不是很大；从收入情况看，村集体年收入最高的是湘西地区，而湘南地区村民人均收入最高，湘西地区的村民人均收入却是最低。原因可能是湘西地区的传统村落进行旅游开发得较多，而且大多数村委会自主经营，所以村集体收入较高。但是，村民的收入主要受地方经济发展水平和实力的影响，所以湘西地区村民收入是最低的，湘南地区最高，但和湘北地区差距不大，湘中东地区并非最高，则是因为其村落代表主要是娄底的村落，而娄底的社会经济发展综合实力在全省的位置也相对较低。

（2）应用博弈论方法，基于地方政府—开发商—农户的三方博弈模型，分析传统村落保护与旅游开发的农户行为响应机理。研究发现：政府对传统村落保护与旅游开发的扶持、开发商的经营管理模式和农户对旅游开发的支持参与等行为决策参数的改变，将会影响参与博弈各方的行为策略选择。在传统村落保护与旅游开发过程中，政府居于主导地位，开发商是重要的参与者，农户是关键的主体。为实现传统村落的良性发展，要加大对传统村落保护与旅游开发的扶持力度，提高开发商和农户参与的积极性；加强传统村落开发利用与保护过程中的监管力度，避免造成开发性的破坏和破坏性的开发；要提高农户对所居住村落的认可度，把村落当成自己的心灵家园，生于斯，长于斯，从而真正实现村落的活态化保护和利用。

（3）应用多项有序 Logistic 回归模型，对传统村落保护与旅游开发的农户决策行为选择及其影响因素进行实证分析，结果表明：农户参与传统村落保护与旅游开发的决策与行为选择受到多种不同因素的综合影响，农户心理因素中的行为意向和行为态度，农户禀赋因素中的性别、受教育程度、房屋面积，社会经济因素中的村民人均年收入、常住人口占户籍人口的比率，经营管理因素中的经营开发模式、农户参与旅游开发民主决策情况和房屋产权等因素对农户参与传统村落保护与旅游开发的决策行为选择有显著影响。可以得出：当其他影响因素保持不变的时候，当农户是女性，文化水平越高，拥有的房屋面积越大，参与的行为意向越强烈，行为态度越积极；村民人均每年的收入越高，常住人口占户籍人口的比率越低，村落开发经营模式属于政府或开发商与村委会合作经营，农户参与旅游开发民主决策越深入；房屋没有进行产权登记时，农户支持和参与传统村落保护与旅游开发的态度就越积极，行为意愿越强。因此，农户是否支持传统村落的保护与旅游开发，主要受到农户的心理因素、禀赋因素、社会经济因素和经营管理因素的影响，农户的心理是否积极，禀赋条件如何，是否有参与权和决策权，是否能够获益是农户进行决策行为选择时要重点考虑的因素。总体来说，农户参与传统村落保护与旅游开发的决策行为受内外部多种因素的综合影响，但农户最关注的依然是利益的分配。传统村落的开发和保护要和当前的新型城镇化建设、乡村振兴战略、城乡融合发展战略结合起来。只有农民富了，乡村兴旺了，村落才能体现出其功能和价值，才能有生机和活力，才能立足于社会文化的发展变迁，在发展中保护，在保护中发展，最终实现村落的持续发展利用。因此，在传统村落的保护与旅游开发进程中，地方政府应当积极制定相关政策措施，促进村落遗产的更好保护和文化资源的合理利用，推动相关产业发展，为农户提供更多非农就业机会，不断增加农民收入，使传统村落的保护与农户的切身效益紧密相连，才能激发农户的支持度和参与度，最终使农户的参与行为变成一种必然的选择。

（4）应用结构方程模型（SEM），对传统村落保护与旅游开发过程中农户满意度与行为响应的关系进行了实证分析，得出以下结论：传统村落旅游开发过程中，农户的认知度对农户的参与度有着较为十分显著的正向影响作用，农户的参与度对农户的满意度有非常显著的正向影响作用，农户的认知度对农户的满意度有比较显著的正向影响作用，农户对村落旅游开发的满意度对农户的支持度有着非常显著的正向影响作用。此外，湖南传统村落保护与旅游开发的整体满意度得分为62.14，总体上处于基本满意的水平，但农户的满意度水平还比较低，其中对村落旅游开发和整体保护状况的满意度相对高一些，对旅游相关收入和权力的分配满意度相对更低。因此，传统村落保护与旅游开发过程中，要通过增加村落旅游开发信息的公开透明，提高农户的认知度；要尽可能地创造和提供更多的就业机会与岗位，切实提高农户的参与度；要注重旅游收入、民主权利的分配，不断提高农户对村落的满意度。这样才能提高农户的支持度，使农户对传统村落的保护与旅游开发更加认可和支持，才更有利于进一步推进村落的有效保护和持续发展利用。

（5）关于传统村落保护与旅游开发的调控机制，本研究的结论是：传统村落的保护与旅游开发进程中，要充分发挥村落农户的主体作用，真正维护农户主体利益，据此提出了"政府—农户—公司""三位一体"的传统村落保护与开发管理体系，即传统村落的保护与旅游开发应由政府主导、农户主体、公司参与，政府主导是由于传统村落的公共资源属性和政府的职能所决定的，农户主体地位是由于传统村落遗产资源的构成和民居的所有权关系决定的，公司参与则是由于传统村落保护与开发的现实困境和企业的优势条件所决定的。政府应该与旅游公司、当地农户分工协作，由当地农户作为传统村落保护与开发利用的主体，政府发挥主导作用，引导社会资本通过政府授权进行传统村落的保护与开发，政府、农户、公司相互影响，相互作用。

第二节　政策建议

根据本课题的核心研究内容和研究结论，对传统村落的保护与旅游开发提出以下几点政策建议：

（1）正确处理好传统村落保护、更新与利用的关系。传统村落保护发展过程中，要树立对待传统村落遗产的正确态度，将保护与利用紧密结合起来而不是对立起来，在保护的前提下，加强传统村落的更新利用。传统村落的保护、更新与利用是一个有机整体，三者相辅相成，相互促进。保护是基础，更新是手段，利用是目的。首先是保护第一。对传统村落文化遗产的有效保护，最重要的是保护好传统村落文化的"原真性"，这种"原真性"的重点是建筑、街道及其布局空间的客观性和完整性。其次是规划先行。在传统村落保护与发展进程中，村落的保护、更新和利用必须先进行整体规划，没有科学的规划，不严格实施规划，所谓的有效保护将成为空谈，甚至可能造成无法弥补的破坏。制定保护规划要进行科学论证，对保什么、如何保、如何更新与利用等一系列问题都要明确，在深入挖掘传统村落地方文化基因的基础上，优先确保文化基因的保护和传承，并在修缮的过程中使其文化基因得到有效彰显，尽量确保传统村落的"原真性"和"地方感"，使规划真正成为传统村落保护与发展的科学依据和保护神，不能随意更改和破坏。最后是利用性保护。对传统村落景观非核心区域，在保护的前提下进行必要的更新利用，有利于实现传统村落文化遗产的价值功能，是符合实际的积极保护态度和有效手段，若传统村落遗产无法得到有效利用，对其持续有效保护也将无以为继。当今新型城镇化和乡村振兴背景下的传统村落保护并不排斥更新和利用，有效利用也是一种保护手段。关键在于更新和利用过程中，不能破坏历史文化，而是严谨、完整地延续历史文脉和文化基因，更好地为满足当代发展和生活需要服务，实现活态保护[317]。

（2）注重对传统村落整体风貌的保护。对于传统村落遗产，首先要保护的是村落风貌的完整性，如果一个古村落只保留下来几处古建筑单体或遗址，那么它整体的历史文化也就没有了。部分传统村落的消失，就是因为缺乏整体性保护，时间一长，传统风貌被慢慢地侵蚀掉，传统村落风韵就荡然无存了。因此，传统村落遗产保护最基本的原则就是整体保护，在传统村落的修缮、复原、更新、重建、改建过程中，都必须保护好传统村落的整体风貌。传统村落风貌的整体保护的关键有3点：第一，要重视传统村落原有建筑风貌和空间形态格局的延续，不能采用现代城市建设的规范和标准；第二，要重视保护传统村落风貌的"原真性"，不能在修缮、更新、改造、新建的过程中，将其一味地整修成所谓的某种建筑风格而忽略了地方文化基因；第三，要注重保留当地生产和生活方式的"原真性"，传统生产和生活方式是传统村落遗产有机整体的重要组成部分，只有作为整体将其保护下来，传统村落才能充满生机和活力。实际上，传统的生产和生活方式并不意味着落后，相反，这是千百年来老祖宗与自然和谐相处的例证，饱含着人类智慧和生活哲学，有一定的文化传承价值和科学价值。

如前所述，整体风貌的保护是保护传统村落的"形"，文化基因的保护是保护传统村落的"魂"，两者相辅相成。做到形神兼备的方法可以借助景观信息链理论。景观信息链理论的基本原理是，任何一个传统村落都隐含着特定的历史文化信息，都有自己独特的文化基因。所以，第一步，可以通过深入挖掘某个村落的历史文化信息获得该村的文化基因，得到一个提炼后的相对抽象性的"信息元"；第二步，将抽象的概念信息附载到具体的物象上来，产生具有可视化意义的"信息点"景观；第三步，将众多的"信息点"按照一定的叙事逻辑和节奏有机串连起来，构成一条条景观"信息廊道"；第四步，多条"信息廊道"的组合构成景区"信息网络"，从而较为完整地表达和彰显一个文化旅游地或传统村落的景观基因[66]。

（3）完善传统村落保护与发展相关的法制法规，多方参与，实现传统村落保护利用的多赢。传统村落遗产的有效保护必须依靠健全的法律制度体系，并加强日常管理。除了遵守国家相关法律法规，还要结合传统村落的实际情况，进一步制定加强村落保护的地方性法规或管理办法，便于相关管理部门操作使用，并随着社会经济的发展变化及时修改完善，实施动态化管理。

传统村落保护与旅游开发投入的资金规模大，这就需要政府、当地居民，以及社会各界多方参与。地方政府应起主导作用，一方面各级政府要加大资金投入，将传统村落保护纳入政府财政预算；另一方面，应由地方政府牵头，鼓励社会资本参与，多层次、多渠道筹集传统村落保护利用基金，如可以通过制定奖励政策，吸收风险基金、国有资本、民间资本和个人投资等多种资本，参与古村镇的保护与开发。但社会资本都是以逐利为目的的，所以，在吸收社会资本参与传统村落保护的过程中，一定不能以牺牲传统村落遗产为代价。政府应加强对企业的规范和管理，首先要从旅游收入中提取传统村落遗产保护费，以旅游发展促进传统村落保护，禁止把传统村落的所有权转让给开发商，禁止进行纯粹的商业化开发。当地农户是传统村落的主人，在传统村落保护利用中居于主体地位，传统村落的有效保护利用必须依靠农户的积极参与。应通过加强教育宣传，让农户充分认识到传统村落保护的意义，特别强调村落保护将关系到他们的切身利益，鼓励和引导农户积极参与。在民居建筑的保护过程中，一般不宜采用将原住居民迁出、建成博物馆的保护方法，而应采取保持原有生活格局和氛围的方式，提倡"活化"古村落的理念，强调"活态"保护的思想，使当地原住民真正成为传统村落保护利用的主体。一方面，政府要出台相应的政策措施，鼓励帮扶农户自身对传统村落遗产进行保护，文物部门负责提供技术支持，指导建筑物的修缮和维护，对维修经费给予一定的补助，但要求农户不能随意拆毁自家的建筑；另一方面，传统村落保护的出发点和落脚点依然是当地农户，要注重给农户增加经济利益，尊重和维护他们的话语权，切实维护传统村落保护利用过程中农户的利益，让农户在传统村落的开发利用中得到真正的实惠[318]。

（4）传统村落遗产的有效保护与旅游适度发展相结合，通过旅游发展促进新型城镇化进程，助推乡村振兴。旅游业是行业关联度高、带动能力强的综合性产业，发展旅游业能带动相关产业发展，被认为是推进新型城镇化建设的高效路径之一，决定了其在新型城镇化和乡村振兴进程中将发挥重要作用，是我国（特别是中西部落后地区）新型城镇化的优先产业选择。传统村落文化遗产资源丰富，自然环境优美，拥有得天独厚的资源优势，应充分利用好其文化旅游资源，适度发展乡村旅游业。可通过旅游开发、特色旅游村落建设、打造旅游综合体和发展乡村生态旅游等途径，调整和优化村落的产业结构，拓展传统村落功能，延伸传统村落产业链，促进传统村落农户更多就业，以此推动村落社会经济发展，既加快新型城镇化建设发展，又助推乡村振兴。与此同时，在确保传统村落合理保护基础上的旅游开发，是传统村落产业发展的有效途径，也能为更好地保护传统村落筹集资金，最终迈向"保护与发展并重"的新型城镇化。传统村落旅游开发助推新型城镇化和乡村振兴具体体现在 3 个方面：第一，传统村落旅游业发展，可以实现就地城镇化，有利于推进城乡统筹发展。发展旅游业，依托的是当地的历史文化及生态资源，能在当地创造出更多的就业机会，解决农民就近就业问题，农户可以就在自己的家乡通过为外来游客提供旅游服务，而获取比从事传统农业更高的收益，实现了从纯务农向旅游服务人员或是农业兼服务业、种养殖业、农产品加工等多重身份的转变。同时，旅游业的发展促进了当地居民、从业人员、外来游客等各类人员的集聚，进一步推动村落旅游配套设施和公共基础设施的建设和完善，形成了就地城镇化发展，村落因此变得更漂亮，居民生活水平显著提高，城乡之间基于旅游产业发展实现了一体化[319]。第二，旅游业是绿色低碳产业，有助于推进当地生态文明建设。过去以工业为依托的城镇化往往以牺牲环境为代价，随着城镇化进程的进一步加快，能耗水平快速上升，资源短缺日渐突出，环境污染越发严重，传统发展模式已难成为城镇化的有效动力。旅游业被认为是低能耗、低排放、低污染的无烟产业，其发展本身就要求有优美的环境、绿色的景观、多彩的文化和宜居的环境。所以，旅游发展从一定程度上改善和美化了村落环境，使传统村落更加美丽宜居。第三，传统村落发展旅游业，是因地制宜的选择，能切实推进传统乡村活化和乡村振兴。目前，传统乡村普遍存在着建筑破损、风貌破旧、设施落后、人口流失、景象凋零、村落空心的状况，如何让不景气、没人气、好空气的传统乡村"活化"起来，可以通过多种方式注入生机和活力，其中，发展旅游业是重要的途径之一。乡村旅游吸引物不外乎"村、景、人、物"四大要素，共同组合成有地方特色的乡村景观。具体来说，"村"是指村落的整体风貌和整体形象，主要是宏观层面的构成和感受，是构成"地方感"(sense of place)的主体要素，可以通过视觉、听觉、味觉等系列感性判断及一定的理性判断形成。"景"是指村落的环境和景观，更多的是指一定村域的田园风情、山水风光和自然生态，一定要体现"望得见山、看得见水"，传统村落大多每家每户房屋后面及左右两侧普遍存在的"风景林"（也称"风水林"）通常是林木葱绿、古树参天、一派生机勃勃的景象；有的传统村落进出村口的水口园林更是独具匠心，别有情趣。总之，传统村落的"景"讲究山水结合，情景交融，极具"天人合一"的美感。"人"是指村落的主人和"客人"，主人也就是原住民，是村落活动的主体；"客人"是指外来人，更多的是指旅游者及旅游服务人员。"人"的要素很广泛，包括人的综合素质、传统风俗习惯、生产生活方式、民间工艺艺术、地方特色美食、当地名人要事、民间宗教信仰、民族传统服饰、传统节庆活动等，既是地方文化资源的有机组成部分，也是当地旅游吸引物的核心构成内容。"物"是指村落中看得见摸得着的承载着村落文化的实物载体，是村落文化基因的主要承载者和表达体，以建筑物最具代表意义，全国各个地方的聚落景观是不同的，具有一定的地域分布规律，主要是从建筑景观上来区分的[74]。当然，"物"的表达还有很多，如村落中的各种生产生活用具，文艺活动中的各种道具，等等。正因为这些传统乡村要素所具有的乡土感、地方感、特色感、亲切感，逐渐成为发展乡村旅游业、"活化"传统乡村的条件和基础，也为实现乡村振兴开辟了新路径[320]。

（5）利用数字化技术推动传统村落网络虚拟旅游产业的兴起。在当今信息化时代，数字化技术已经渗透到现代生活的各个领域，深刻地影响着人们的思维模式和生活方式，从而推进社会文明的进步与发展。采用数字化技术手段开展文化遗产和传统村落保护，不仅是联合国教科文组织多年来倡导并致力的方向，也是衡量一个国家文化遗产保护基础技术和设施条件发达程度的重要标志。以往的文化遗产保护和传统村落保护，主要是靠实物保护和静态保护，除了能作为历史遗存和文物进行保护和传承之外，很少有机会通过大数据传播的形式向大众进行宣传和展示，总是"养在深闺人未识"。较之传统的文化遗产保护理论和方法，新兴的数字化保护技术和方式在传统村落保护和传承中具有明显的优势：第一，数字化保护的时效性长，能永久性的保护历史时期传统村落的原始数据；第二，数字化保护的整体性强，能全面而详细的记录传统村落的空间、环境及人文等数据信息；第三，数字化保护的功能性多，具备了数字化储存、信息化传播、网络化展示和虚拟旅游等多项功能；第四，数字化保护的管理优势明显，可对传统村落实行数字化管理，构建智慧村落网络系统，实现传统村落数字化保护的多元价值综合利用，极大的提升管理效率；第五，数字化保护基础上的传统村落三维虚拟呈现，借助于网络空间技术，可以促成新兴文旅产业——网络虚拟旅游产业的发展。因此，数字化保护是传统村落保护利用的新兴方式和重要补充。

传统村落数字化保护简单来说包括两个流程：一是对传统村落进行数字化记录与保存的阶段；二是对传统村落开展数字化展示与传播的阶段。总而言之，通过数字化技术开展中国传统村落保护，不仅要构建基本的理论体系、方法体系，还将构建相应的技术应用体系和标准，不仅要实现传统村落文化遗产的基本数据记录、存储、监测和修复，而且将实现传统村落数据的开发利用、三维虚拟和数字化呈现[175]。一个必然的结果是，随着信息化和数字化技术的兴起，中国大批量的传统村落将在新型城镇化过程中不仅能得到更好的保护、利用、监测和智能化管理，而且还将推动一个新兴产业——网络虚拟文化旅游产业的快速兴起，为乡村振兴战略的实现开辟新的有效途径。

第三节　本研究的不足之处与展望

由于多种原因，本研究还存在诸多的不足之处，有待在后续的研究工作中进一步去完善。不足之处主要体现在下列几点：

（1）样本数量有待增加，数据质量有待改进。大样本、高质量的数据是研究成果质量的重要保障，但由于财力、时间及村落差异等主客观因素的限制，本研究的样本只有10个村落的257户农户，样本数量偏少；此外，由于被调查对象普遍文化程度较低，理解认知能力有限，加之有的农户在调查过程中的配合度不高，部分问卷可能没能准确地反映农户的真实想法，问卷数据的质量受到一定的影响。因此，本文的部分分析结果不太理想，部分研究结论可能因为样本数据的原因而没能很好地反映客观实际，有些结论不一定适合其他村落的情况，研究结论的实用性还有待扩展到其他区域进行实证，研究结论还有待进一步完善。

（2）影响因素变量的选择和模型的建构有待进一步完善。虽然本课题研究过程是在参考了相关理论和大量文献资料的基础上来进行设计的，但影响农户决策行为的因素多且复杂，而且不同村落之间的差异也很大，不可能将所有的影响因素变量纳入进来分析。计量模型的构建和分析也主要是基于横截面的数据，没有通过跨年度数据的分析，因此未能反映农户行为响应的动态变化。而且由于有些区域的样本数量太少，无法深入进行区域的比较分析，无法验证不同区域农户行为响应的影响因素是否存在差异，后续研究中有待对此加以改进，特别是应该对传统村落的农户连续多年进行跟踪调查研究，收集面板数据进行更为深入地分析研究。

（3）研究内容还有待于进一步拓展和深化。如传统村落保护与旅游开发的农户满意度，目前的评价较为简略，观测变量较少，下一步可以全面构建传统村落保护与旅游开发的农户满意度指标体系，进行深入研究；传统村落保护与开发的绩效评价也是很有价值的课题，但目前由于相关数据难以获取而无法实施，下一步可以先科学设计传统村落保护与开发的绩效评价指标体系，然后收集相关数据资料展开分析评价。还有传统村落的产权改革途径、传统村落的价值评估与资产化等等，这些问题都与农户行为和村落的可持续发展密切相关，有待在今后进一步进行更深入的研究。

REFERENCES
参考文献

[1] WILLINSON P F, PRATIWI W.Gender and tourism in an Indonesian village[J]. Annals of Tourism Research, 1995, 22(2):283-299.

[2] Graham Parlett.The impact of tourism on the Old Town of Edinburgh [J]. Tourism management, 1995, 16(5):355-360.

[3] Marks R.Conservation and Community.the contradictions and ambiguities of tourism in the stone town of Zanzibar[J].Habitat, 1996, 20(2):265-278.

[4] Brunt P, Courtney P. Host Perceptions of Sociocultural Impacts [J]. Annals of Tourism Research, 1999, 26(3):493-515.

[5] Jamison D. Tourism and Ethnicity:The Brotherhood of Coconuts [J]. Annals of Tourism Research, 1999, 26(4): 944-967.

[6] Walpole M J, Goodwin H J. Local Economic Impacts of Dragon Tourism in Indonesia[J]. Annals of Tourism Research, 2000, 27(3): 559-576.

[7] TUCHER H.Tourists and troglodytes negotiation for sustainability [J].Annals of Tourism Research, 2001, 28(4):868-891.

[8] Joseph C A, Kavoori A P. Mediated Resistance Tourism and the Host Community[J]. Annals of Tourism Research, 2001, 28(4): 998-1009.

[9] HARRISON D.Cocoa, conservation and tourism:Grande Riviere, Trinidad

[J]. Annals of Tourism Research，2007，34(4):919-942.

[10] LEPP A.Tourism and dependency:An analysis of Bigodi village Uganda [J]. Tourism Management，2008，29(6):1206-1214.

[11] Geoffrey Wall.perspectives on tourism in selected Baliness Villages [J]. Annals of Tourism Research，1996, 23(1): 123-137.

[12] Lindberg K，Dellaert B G C，Rassing C R. Resident Tradeoffs:A Choice Modeling Approach[J]. Annals of Tourism Research, 1999, 26(3): 554-569.

[13] Mason P，Cheyne J. Residents.Attitudes to Proposed Tourism Development[J]. Annals of Tourism Research，2000, 27(2): 391-411.

[14] Sheldon P J，AbenojaT. Resident Attitudes in a Mature Destination: the Case of Waikiki[J]. Tourism Management, 2001, 22(5): 435-443.

[15] Williams J，Lawson R. Community Issues and Resident Opinions of Tourism [J]. Annals of Tourism Research，2001, 28(2): 269-290.

[16] Tosun C. Host Perceptions of Impacts:A Comparative Tourism Study [J]. Annals of Tourism Research, 2002, 29(1): 231-253.

[17] Horn C，Simmons D. Community Adaptation to Tourism:Comparisons Between Rotorua and Kaikoura, New Zealand [J]. Tourism Management, 2002, 23(2): 133-143.

[18] Lee C K，Kim S S，Kang S. Perceptions of Casino Impacts:A Korean Longitudinal Study [J]. Tourism Management, 2003, 24(1): 45-55.

[19] Erb M. Understanding Tourists Interpretations from Indonesia[J]. Annals of Tourism Research, 2000, 27(3): 709-736.

[20] Kneafsey M. Rural Cultural Economy Tourism and Social Relations [J]. Annals of Tourism Research，2001, 28(3): 762-783.

[21] Cohen JH. Textile, Tourism and Community Development [J]. Annals of

Tourism Research, 2001, 28(2):378-398.

[22] Besculides A, Lee M E, McCormick P J. Residents.Perceptions of the Cultural Benefits of Tourism[J]. Annals of Tourism Research, 2002, 29(2): 303-319.

[23] Grunewald R. Tourism and Cultural Revival[J]. Annals of Tourism Research, 2002, 29(4): 1004-1021.

[24] Medina L K. Commoditizing Culture Tourism and Maya Identity [J]. Annals of Tourism Research, 20003, 30(2): 353-368.

[25] Vitters J, Vorkinn M, Vistad O I, et a.l Tourist Experiences and Attractions [J]. Annals of Tourism Re-search, 2000, 27(2): 432-450.

[26] Wickens E. The Sacred and the Profane:A Tourist Typology [J]. Annals of Tourism Research, 2002, 29(3): 834-851.

[27] ZEPPEL K.Cultural tourism at the Cowichan native village British Columbia[J]. Travel Research, 2002, 41(3):92-100.

[28] Cai L A. Cooperative Branding for Rural Destinations[J]. Annals of Tourism Research, 2002, 29(3): 720-742.

[29] LI Y P, LO R L B.Applicability of the market appeal robusticity matrix:A case study of heritage tourism [J].Tourism Management, 2004, 25(4):789-800.

[30] CHANG J, WALL G, CHU S T.Novelty seeking at aboriginal attractions [J]. Annals of Tourism Research, 2006, 33(3):729-747.

[31] ROYOVELA M.Rural cultural excursion conceptualization:A local tourism marketing management model based on tourist destination image measurement[J]. Tourism Management, 2008, 28(1):1-10.

[32] MEARNS M A, DUTOITASA.Knowledge audit:Tools of the trade transmitted to tools for tradition[J].International Journal of Information

Management，2008, 28(1):161-167.

[33] KNIGHT J.Competing hospitalities in Japanese rural tourism[J].Annals of Tourism Research，1996，23(1):165-180.

[34] SCHILLER A.Pampang culture village and international tourism in east Kalimantan Indonesian Borneo[J].Human Organization，2001，60(4):414-422.

[35] Cevat Tosun.Host perceptions of impacts：A comparative tourism study [J]. Annals of Tourism Research，2002，29(1):231-253.

[36] LIU A.Tourism in rural areas:Kedah，Malaysia[J].Tourism Management，2006，27(4):878-889.

[37] LEPP A.Residents attitudes towards tourism in Bigodi village，Uganda [J]. Tourism Management，2007，28(4):876-885.

[38] YING T Y，ZHOU Y G.Community，governments and external capitals in China.s rural cultural tourism:A comparative study of two adjacent villages [J]. Tourism Management，2007，28 (1):96-107.

[39] Yuksel F, Bramwell B, Yuksel A. Stakeholder Inter-views and Tourism Planning at Pamukkale，Turkey[J].Tourism Management，1999，20(3): 351-360.

[40] 瑟厄波德．全球旅游新论 [M].张广瑞，等译．北京：中国旅游出版社，2001，36.

[41] Clarke J, Denman R, HickmanG, et a.l RuralTourism in Roznava Okres: A Slovak Case Study [J]. Tourism Management, 2001, 22(2): 193-202.

[42] Ahn B Y, Lee B K, Shafer C S. Operationalizing Sustainability in Regional Tourism Planning: An Application of the Limits of Acceptable Change Framework [J].Tourism Management, 2002, 23(1): 1-15.

[43] Burns PM, Sancho M M. Local Perceptions of Tourism Planning: The Case

of Cuéllar, Spain [J]. Tourism Management, 2003, 24(3): 331–339.

[44] 陆林, 焦华富. 徽派建筑的文化含量 [J]. 南京大学学报 (哲学社会科学版), 1995(02):163–171.

[45] 刘沛林, 董双双. 中国古村落景观的空间意象研究 [J]. 地理研究, 1998(01):32–39.

[46] 吴晓勤, 陈安生, 万国庆. 世界文化遗产——皖南古村落特色探讨 [J]. 建筑学报, 2001(08):59–61.

[47] 阮仪三, 邵甬, 林林. 江南水乡城镇的特色、价值及保护 [J]. 城市规划汇刊, 2002(01):1–4+79–84.

[48] 卢松, 陆林, 凌善金. 世界文化遗产西递、宏村旅游资源开发的初步研究 [J]. 安徽师范大学学报 (自然科学版), 2003(03):273–277

[49] 王振忠. 古村落不只是老建筑——以徽州历史文化脉络下的婺源古村落为例 [J]. 今日国土, 2006(Z4):16–22.

[50] 胡道生. 古村落旅游开发的初步研究——以安徽黟县古村落为例 [J]. 人文地理, 2002(04):47–50.

[51] 刘昌雪, 汪德根. 皖南古村落可持续旅游发展限制性因素探析 [J]. 旅游学刊, 2003(06):100–105.

[52] 吴冰, 马耀峰. 古村落旅游资源评价与保护研究——以陕西省韩城市党家村为例 [J]. 陕西师范大学学报 (自然科学版), 2004(01):121–124.

[53] 朱晓翔. 我国古村落旅游资源及其评价研究 [D]:[河南大学硕士学位论文]. 开封 : 河南大学, 2005:15–20.

[54] 汪清蓉, 李凡. 古村落综合价值的定量评价方法及实证研究——以大旗头古村为例 [J]. 旅游学刊, 2006(01):19–24.

[55] 邵秀英. 关于山西古村落及其旅游开发保护问题的探讨 [J]. 太原师范学院学报 (自然科学版), 2007(03):46–49.

[56] 朱桃杏, 陆林, 李占平. 传统村镇旅游发展比较——以徽州古村落群与江南

六大古镇为例 [J]. 经济地理，2007(05):842-846.

[57] 袁宁，黄纳，张龙，范文静，孙克勤. 基于层次分析法的古村落旅游资源评价——以世界遗产地西递、宏村为例 [J]. 资源开发与市场，2012，28(02):179-181.

[58] 李亚娟，陈田，王婧，汪德根. 中国历史文化名村的时空分布特征及成因 [J]. 地理研究，2013，32(08):1477-1485.

[59] 顾康康，储金龙，汪勇政，潘邦龙. 黄山市古村落综合品质空间分异——基于 101 个古村落的实证调研 [J]. 地理研究，2014，33(11):2034-2042.

[60] 熊梅. 中国传统村落的空间分布及其影响因素 [J]. 北京理工大学学报 (社会科学版)，2014，16(05):153-158.

[61] 刘大均，胡静，陈君子，许贤棠. 中国传统村落的空间分布格局研究 [J]. 中国人口⑭资源与环境，2014，24(04):157-162.

[62] 佟玉权，龙花楼. 贵州民族传统村落的空间分异因素 [J]. 经济地理，2015，35(03):133-137+93.

[63] 李伯华，尹莎，刘沛林，窦银娣. 湖南省传统村落空间分布特征及影响因素分析 [J]. 经济地理，2015，35(02):189-194.

[64] 焦胜，郑志明，徐峰，李彩林，李欢，马伯. 传统村落分布的"边缘化"特征——以湖南省为例 [J]. 地理研究，2016，35(08):1525-1534.

[65] 魏绪英，蔡军火，刘纯青. 江西省传统村落类型及其空间分布特征分析 [J]. 现代城市研究，2017(08):39-44.

[66] 刘沛林. 古村落文化景观的基因表达与景观识别 [J]. 衡阳师范学院学报 (社会科学)，2003(04):1-8.

[67] 申秀英，刘沛林，邓运员，郑文武. 景观基因图谱：聚落文化景观区系研究的一种新视角 [J]. 辽宁大学学报 (哲学社会科学版)，2006(03):143-148.

[68] 胡最，刘沛林. 基于 GIS 的南方传统聚落景观基因信息图谱的探索 [J]. 人文地理，2008，23(06):13-16.

[69] 胡最，刘沛林，陈影. 传统聚落景观基因信息图谱单元研究 [J]. 地理与地理信息科学，2009，25(05):79-83.

[70] 刘沛林，刘春腊，邓运员，申秀英，胡最，李伯华. 客家传统聚落景观基因识别及其地学视角的解析 [J]. 人文地理，2009，24(06):40-43.

[71] 刘沛林，刘春腊，邓运员，申秀英，胡最，李伯华. 基于景观基因完整性理念的传统聚落保护与开发 [J]. 经济地理，2009，29(10):1731-1736.

[72] 胡最，刘沛林，申秀英，刘晓燕，邓运员，陈影. 古村落景观基因图谱的平台系统设计 [J]. 地球信息科学学报，2010，12(01):83-88.

[73] 刘沛林，刘春腊，李伯华，邓运员，申秀英，胡最. 中国少数民族传统聚落景观特征及其基因分析 [J]. 地理科学，2010，30(06):810-817.

[74] 刘沛林，刘春腊，邓运员，申秀英，李伯华，胡最. 中国传统聚落景观区划及景观基因识别要素研究 [J]. 地理学报，2010，65(12):1496-1506.

[75] 邓运员，杨柳，刘沛林. 景观基因视角的湖南省古村镇文化特质及其保护价值 [J]. 经济地理，2011，31(09):1552-1557+1584.

[76] 刘沛林. 中国传统聚落景观基因图谱的构建与应用研究 [D]:[北京大学博士学位论文]. 北京：北京大学，2011:26-36.

[77] 胡最，刘沛林，曹帅强. 湖南省传统聚落景观基因的空间特征 [J]. 地理学报，2013，68(02):219-231.

[78] 杨立国，林琳，刘沛林，胡景强. 少数民族传统聚落景观基因的居民感知与认同特征——以通道芋头侗寨为例 [J]. 人文地理，2014，29(06):60-66.

[79] 杨立国，刘沛林，林琳. 传统村落景观基因在地方认同建构中的作用效应——以侗族村寨为例 [J]. 地理科学，2015，35(05):593-598.

[80] 胡最，刘沛林. 中国传统聚落景观基因组图谱特征 [J]. 地理学报，2015，70(10):1592-1605.

[81] 胡最，刘沛林，邓运员，郑文武. 传统聚落景观基因的识别与提取方法研究 [J]. 地理科学，2015，35(12):1518-1524.

[82] 胡最，郑文武，刘沛林，刘晓燕.湖南省传统聚落景观基因组图谱的空间形态与结构特征 [J]. 地理学报，2018，73(02):317-332.

[83] 杨载田.中国乡村古聚落旅游资源的开发 [J]. 衡阳师专学报(社会科学)，1994(02):84-87.

[84] 章锦河，凌善金，陆林.黟县宏村古村落旅游形象设计研究 [J]. 地理学与国土研究，2001(03):82-87.

[85] 吴文智.旅游地的保护和开发研究——安徽古村落(宏村、西递)实证分析 [J]. 旅游学刊，2002(06):49-53.

[86] 黄芳，浣伟军.古村落旅游开发的经营模式探讨 [J]. 湖南商学院学报，2003(05):58-59+107.

[87] 冯淑华，方志远.乡村聚落景观的旅游价值研究及开发模式探讨 [J]. 江西社会科学，2004(12):230-234.

[88] 陈腊娇，冯利华，沈红，孙立峰.古村落旅游开发模式的比较——金华市诸葛八卦村和郭洞村实证研究 [J]. 国土与自然资源研究，2005(04):58-59.

[89] 齐学栋.古村落与传统民居旅游开发模式刍议 [J]. 学术交流，2006(10):131-134.

[90] 冯淑华.对流坑古村旅游开发的几点思考 [J]. 江西社会科学，2002(03):176-179.

[91] 刘沛林."景观信息链"理论及其在文化旅游地规划中的运用 [J]. 经济地理，2008，28(06):1035-1039.

[92] 李连璞.基于多维属性整合的古村落旅游发展模式研究——以历史文化名村为例 [J]. 人文地理，2013，28(04):155-160.

[93] 张静，王生鹏.文化生态视角下我国民族村落旅游开发研究 [J]. 西北民族大学学报(哲学社会科学版)，2015(06):140-145.

[94] 梁丽芳.基于怀旧视角的传统村落旅游者忠诚模型研究 [J]. 社会科学家，2015(10):96-100.

[95] 桂拉旦，唐唯．文旅融合型乡村旅游精准扶贫模式研究——以广东林寨古村落为例 [J]. 西北人口，2016，37(02):64-68.

[96] 杨彩虹，王开开．美丽乡村建设过程中传统村落的保护与利用 [J]. 中州学刊，2016(06):86-89.

[97] 吴媚，郭占锋．城镇化进程中古村落旅游社区发展的"去权"与"增权"——以陕西省韩城市 Y 村为例 [J]. 华中农业大学学报 (社会科学版)，2017(01):92-97+144.

[98] 杨梅，陆志勇，张兆福．传统村落旅游利益分配 U 型关系研究 [J]. 重庆社会科学，2018(06):76-88.

[99] 胡跃中．浅议楠溪江风景名胜区资源保护与利用 [J]. 旅游学刊，2001(03):44-47.

[100] 马智胜，郭跃，瞿杰．流坑旅游资源的开发与经营 [J]. 旅游科学，2004(01):27-30.

[101] 姚国荣，陆林，章德辉．古村落开发与旅游运营机制研究——以安徽省黟县宏村为例 [J]. 农业经济问题，2004(04):68-70.

[102] 梁德阔．西递、宏村古村落的股份合作制经营模式设计 [J]. 中国人口·资源与环境，2005(04):123-126.

[103] 车震宇，保继刚．市县级政策与管理在古村落保护和旅游中的重要性——以黄山市、大理州和丽江市为例 [J]. 建筑学报，2006(12):45-47.

[104] 应天煜．中国古村落旅游"公社化"开发模式及其权力关系研究 [D]:[浙江大学硕士学位论文]. 杭州：浙江大学，2006:21-29.

[105] 周彩屏．古村落型旅游地旅游管理体制实证研究——以浙中古村落为例 [J]. 湖北经济学院学报 (人文社会科学版)，2008(11):70-72.

[106] 李文兵．旅游背景下古村落文化生态演变机制——以张谷英古村落为例 [J]. 社会科学家，2008(11):98-102.

[107] 陈爱宣．古村落旅游公司治理绩效评价研究 [J]. 现代商业，2010(24):133-134.

[108] 邵秀英，田彬.古村落旅游开发的公共管理问题研究 [J].人文地理，2010，25(03):120–123.

[109] 冯淑华.古村落旅游客源市场分析与行为模式研究 [J].旅游学刊，2002(06):45–48.

[110] 朱国兴.徽州村落旅游开发初探 [J].资源开发与市场，2002(06):40–43.

[111] 卢松，陆林，徐茗.黟县古村落海外旅游市场研究 [J].经济地理，2005(02):252–256.

[112] 方志远，冯淑华.江西古村落的空间分析及旅游开发比较 [J].江西社会科学，2004(08):220–223.

[113] 吴文智，庄志民.体验经济时代下旅游产品的设计与创新——以古村落旅游产品体验化开发为例 [J].旅游学刊，2003(06):66–70.

[114] 冯淑华.古村落旅游解说系统探讨 [J].商业研究，2005(08):164–166+179.

[115] 朱桃杏，陆林.徽州古村落群旅游差异性开发的竞合分析 [J].人文地理，2006(06):57–61.

[116] 黄芳.论民居旅游开发过程中的居民参与 [J].江汉论坛，2002(10):42–44.

[117] 余向洋.古村落社区旅游的另一种思路——借鉴台湾社区营造经验 [J].黄山学院学报，2005(05):42–44.

[118] 雷海燕，赵振斌.古村落旅游形象设计的社区参与模式——以党家村为例 [J].北京第二外国语学院学报，2007(05):73–77+14.

[119] 李天翼.上郎德苗寨社区参与旅游模式成因分析 [J].贵州民族学院学报（哲学社会科学版），2007(04):72–75.

[120] 颜亚玉，张荔榕.不同经营模式下的"社区参与"机制比较研究——以古村落旅游为例 [J].人文地理，2008(04):89–94.

[121] 杨效忠，张捷，唐文跃，卢松.古村落社区旅游参与度及影响因素——西递、宏村、南屏比较研究 [J].地理科学，2008(03):445–451.

[122] 李凡，金忠民.旅游对皖南古村落影响的比较研究——以西递、宏村和南屏

为例 [J]. 人文地理，2002(05):17-20+96.

[123] 章锦河. 古村落旅游地居民旅游感知分析——以黟县西递为例 [J]. 地理与地理信息科学，2003(02):105-109.

[124] 肖光明，郭盛晖，汤晓敏. 古村落旅游开发的社会文化影响研究——以德庆县金林水乡为例 [J]. 热带地理，2007(01):71-75.

[125] 章磊，阎伍玖，刘惠兰. 试论古村落旅游地开发的社会文化影响——以西递、宏村为例 [J]. 安徽农学通报，2007(23):11-13+85.

[126] 王帆，赵振斌. 旅游影响下的古村落社会文化变迁研究——以陕西韩城党家村为例 [J]. 桂林旅游高等专科学校学报，2007(05):761-764+769.

[127] 李萍，王倩，Chris Ryan. 旅游对传统村落的影响研究——以安徽齐云山为例 [J]. 旅游学刊，2012，27(04):57-63.

[128] 保继刚，林敏慧. 历史村镇的旅游商业化控制研究 [J]. 地理学报，2014，69(02):268-277.

[129] 林敏慧，保继刚. 中国历史村镇的旅游商业化——创造性破坏模型的应用检验 [J]. 旅游学刊，2015，30(04):12-22.

[130] 林祖锐，常江，刘婕，田梦思. 旅游发展影响下传统村落的整合与重构——以河北省邢台县英谈传统村落为例 [J]. 现代城市研究，2015(06):32-38.

[131] 卢松，张业臣，王琳琳. 古村落旅游移民社会融合结构及其影响因素研究——以世界文化遗产宏村为例 [J]. 人文地理，2017，32(04):138-145.

[132] 孙静，苏勤. 古村落旅游开发的视觉影响与管理——以西递—宏村为例 [J]. 人文地理，2004(04):37-40.

[133] 陆林. 旅游地居民态度调查研究——以皖南旅游区为例 [J]. 自然资源学报，1996(04):377-382.

[134] 黄洁，吴赞科. 目的地居民对旅游影响的认知态度研究——以浙江省兰溪市诸葛、长乐村为例 [J]. 旅游学刊，2003(06):84-89.

[135] 苏勤，林炳耀. 基于态度与行为的我国旅游地居民的类型划分——以西递、

周庄、九华山为例 [J]. 地理研究，2004(01):104-114.

[136] 卢松，陆林，王莉，王咏，杨钊，梁栋栋 . 西递旅游地居民的环境感知研究 [J]. 安徽师范大学学报 (自然科学版)，2005(02):230-233.

[137] 卢松，张捷，李东和，杨效忠，唐文跃 . 旅游地居民对旅游影响感知和态 度的比较——以西递景区与九寨沟景区为例 [J]. 地理学报，2008(06):646- 656.

[138] 唐文跃 . 旅游开发背景下古村落居民地方依恋对其迁居意愿的影响——以婺 源古村落为例 [J]. 经济管理，2014，36(05):124-132.

[139] 唐晓云 . 古村落旅游社会文化影响：居民感知、态度与行为的关系——以广 西龙脊平安寨为例 [J]. 人文地理，2015，30(01):135-142.

[140] 刘天曌，刘沛林，朱源湘 . 古村落旅游农户感知、态度与行为研究——以张 谷英村为例 [J]. 衡阳师范学院学报，2018，39(03):8-13.

[141] 罗来平 . 徽州呈坎古村特色与保护 [J]. 规划师，1996(01):98-101+108.

[142] 刘沛林 . 论"中国历史文化名村"保护制度的建立 [J]. 北京大学学报 (哲学 社会科学版)，1998(01):80-87+158.

[143] 刘源，李晓峰 . 旅游开发与传统聚落保护的现状与思考 [J]. 新建筑， 2003(02):29-31.

[144] 阮仪三，肖建莉 . 寻求遗产保护和旅游发展的"双赢"之路 [J]. 城市规划， 2003(06):86-90.

[145] 张跃华，黄洁 . 古镇 (村落) 保护问题的经济学分析 [J]. 农业经济问题， 2004(03):32-35+80.

[146] 刘德谦 . 古镇保护与旅游利用的良性互动 [J]. 旅游学刊，2005(02):47-53.

[147] 朱良文 . 从箐口村旅游开发谈传统村落的发展与保护 [J]. 新建筑， 2006(04):4-8.

[148] 王云才，杨丽，郭焕成 . 北京西部山区传统村落保护与旅游开发利用——以 门头沟区为例 [J]. 山地学报，2006(04):466-472.

[149] 周志雄，汪本学.基于新农村建设背景的古村落产业结构调整路径——以俞源旅游业发展战略为例 [J]. 上饶师范学院学报，2007(05):34-38.

[150] 皮桂梅.古村落系统化保护问题研究——以江西婺源古村落为例 [J]. 江西社会科学，2012，32(05):249-251.

[151] 李东和，孟影.古民居保护与旅游利用模式研究——以黄山市徽州古民居为例 [J]. 人文地理，2012，27(02):151-155.

[152] 徐红罡，万小娟，范晓君.从"原真性"实践反思中国遗产保护——以宏村为例 [J]. 人文地理，2012，27(01):107-112.

[153] 李枝秀.古村落保护模式研究——以江西为例 [J]. 江西社会科学，2012，32(01):238-240.

[154] 刘沛林，于海波.旅游开发中的古村落乡村性传承评价——以北京市门头沟区爨底下村为例 [J]. 地理科学，2012，32(11):1304-1310.

[155] "加快公共文化服务体系建设研究"课题组，吴理财.城镇化进程中传统村落的保护与发展研究——基于中西部五省的实证调查 [J]. 社会主义研究，2013(04):116-123.

[156] 孙亚辉.旅游视角下古村落的文化变迁与拯救 [J]. 河南社会科学，2013，21(03):104-106.

[157] 王小明.传统村落价值认定与整体性保护的实践和思考 [J]. 西南民族大学学报 (人文社会科学版)，2013，34(02):156-160.

[158] 李军红.传统村落生态补偿机制研究 [J]. 思想战线，2015，41(05):88-92.

[159] 刘馨秋，王思明.中国传统村落保护的困境与出路 [J]. 中国农史，2015，34(04):99-110.

[160] 伽红凯.中国传统村落保护的矛盾与模式探析 [J]. 中国农史，2016，35(06):136-144.

[161] 鲁可荣，胡凤娇.传统村落的综合多元性价值解析及其活态传承 [J]. 福建论坛 (人文社会科学版)，2016(12):115-122.

[162] 孙运宏，宋林飞.当代中国历史文化名村保护的困境与对策 [J]. 艺术百家，2016，32(06):59-62+68.

[163] 屠李，赵鹏军，张超荣.试论传统村落保护的理论基础 [J]. 城市发展研究，2016，23(10):118-124.

[164] 王军，夏健.传统村落保护的动态监控体系建构研究 [J]. 城市发展研究，2016，23(07):58-63.

[165] 刘宗碧.生态博物馆的传统村落保护问题反思 [J]. 东南文化，2017(06):103-108.

[166] 赵曼丽.贵州传统村落空间活化的生态策略探析 [J]. 贵州民族研究，2017，38(12):81-84.

[167] 黄滢，张青萍.多元主体保护模式下民族传统村落的保护 [J]. 贵州民族研究，2017，38(10):107-110.

[168] 宋河有.传统村落旅游化保护的风险及其防范 [J]. 原生态民族文化学刊，2017，9(02):95-98.

[169] 龙初凡，周真刚，陆刚.侗族传统村落保护与发展路径探索——以黔东南黎平县为例 [J]. 贵州民族研究，2017，38(01):83-88.

[170] 孙九霞.中国旅游发展笔谈——传统村落的保护与利用（二）[J]. 旅游学刊，2017，32(02):1.

[171] 廖军华.乡村振兴视域的传统村落保护与开发 [J]. 改革，2018(04):130-139.

[172] 江灶发.我国公众参与传统村落保护机制研究 [J]. 江西社会科学，2018，38(04):225-230.

[173] 刘天曌，刘沛林，王良健.新型城镇化背景下的古村镇保护与旅游发展路径选择——以萱洲古镇为例 [J]. 地理研究，2019，38(01):133-145.

[174] 郑文武，刘沛林."留住乡愁"的传统村落数字化保护 [J]. 江西社会科学，2016，36(10):246-251.

[175] 刘沛林，邓运员.数字化保护：历史文化村镇保护的新途径 [J].北京大学学报（哲学社会科学版），2017，54(06):104-110.

[176] 刘沛林，李伯华.传统村落数字化保护的缘起、误区及应对 [J].首都师范大学学报（社会科学版），2018(05):140-146.

[177] 吴承照，肖建莉.古村落可持续发展的文化生态策略——以高迁古村落为例 [J].城市规划汇刊，2003(04):56-60+96.

[178] 胡田翠，鲁峰.古村落旅游可持续发展评价指标体系构建研究 [J].现代经济（现代物业下半月刊），2007，6(06):36-38.

[179] 施琦.试论古村落旅游可持续发展的对策 [J].农业考古，2008(03):155-157.

[180] 李德明，胡良平.基于模糊数学的古村落旅游与社区经济互动持续发展评估及其优化研究——以安徽省黟县西递为例 [J].生态经济（学术版），2009(02):198-202.

[181] 卢松，陈思屹，潘蕙.古村落旅游可持续性评估的初步研究——以世界文化遗产地宏村为例 [J].旅游学刊，2010，25(01):17-25.

[182] 冯淑华.基于共生理论的古村落共生演化模式探讨 [J].经济地理，2013，33(11):155-162.

[183] 王景新，朱强，余国静，吴一鸣，李琳琳，沈凌峰.浙江历史文化村落保护利用与持续发展 [J].西北农林科技大学学报（社会科学版），2016，16(05):77-86.

[184] 吴合显.文化生态视野下的传统村落保护研究 [J].原生态民族文化学刊，2017，9(01):95-100.

[185] 张慎娟，陈晓键.新型城镇化背景下传统村落传承与发展的思考——以桂林市大圩镇熊村为例 [J].社会科学家，2017(03):91-95.

[186] 詹国辉，张新文.乡村振兴下传统村落的共生性发展研究——基于江苏 S 县的分析 [J].求实，2017(11):71-84.

[187] 杨唯一，鞠晓峰.基于博弈模型的农户技术采纳行为分析 [J].中国软科学，2014(11):42–49.

[188] 毛慧，周力，应瑞瑶.风险偏好与农户技术采纳行为分析——基于契约农业视角再考察 [J].中国农村经济，2018(04):74–89.

[189] 姜天龙，赵娜.农户清洁生产技术采用行为的影响因素分析——以吉林省水稻种植户为例 [J].吉林农业大学学报，2015，37(06):746–750.

[190] 肖新成，倪九派.农户清洁生产技术采纳行为及影响因素的实证分析——基于涪陵区农户的调查 [J].西南师范大学学报 (自然科学版)，2016，41(07):151–158.

[191] 陈新建，杨重玉.农户禀赋、风险偏好与农户新技术投入行为——基于广东水果种植农户的调查实证 [J].科技管理研究，2015，35(17):131–135.

[192] 许佳贤，郑逸芳，林沙.农户农业新技术采纳行为的影响机理分析——基于公众情境理论 [J].干旱区资源与环境，2018，32(02):52–58.

[193] 王火根，李娜.农户新能源技术应用行为及其影响因素分析 [J].湖南农业大学学报 (社会科学版)，2016，17(05):1–7.

[194] 李娇，王志彬.基于 Probit 和 Tobit 双模型的农户节水灌溉技术采用行为研究——以张掖市为例 [J].节水灌溉，2017(12):85–89+93.

[195] 李谷成，郭伦，周晓时.劳动力老龄化对农户作物新品种技术采纳行为的影响研究——以油菜新品种技术为例 [J].农林经济管理学报，2018，17(06):641–649.

[196] 李紫娟，孙剑，陈桃.农户绿色防控技术采纳行为影响因素——基于湖北省 265 户柑橘种植户调查数据的分析 [J].科技管理研究，2018，38(21):249–254.

[197] 米松华，黄祖辉，朱奇彪，黄莉莉.农户低碳减排技术采纳行为研究 [J].浙江农业学报，2014，26(03):797–804.

[198] 张小有，刘红，黄冰冰.农业低碳技术应用行为影响因素研究——基于江西

规模农户的实证 [J]. 生态经济，2018，34(08):25-30.

[199] 童洪志，刘伟. 农户秸秆还田技术采纳行为影响因素实证研究——基于 311 户农户的调查数据 [J]. 农村经济，2017(04):108-114.

[200] 左喆瑜. 农户对环境友好型肥料的选择行为研究——以有机肥及控释肥为例 [J]. 农村经济，2015(10):72-77.

[201] 魏欣，李世平，张丛军. 农户施肥行为及其影响因素分析——基于陕西关中地区不同农作物种植户的调研 [J]. 农村经济，2018(12):86-92.

[202] 侯建昀，刘军弟，霍学喜. 区域异质性视角下农户农药施用行为研究——基于非线性面板数据的实证分析 [J]. 华中农业大学学报 (社会科学版)，2014(04):1-9.

[203] 张利国，李学荣. 农户不合理农药施用行为影响因素分析——以江西蔬菜种植户为例 [J]. 江西社会科学，2016，36(11):80-86.

[204] 李昊，李世平，南灵，李晓庆. 中国农户环境友好型农药施用行为影响因素的 Meta 分析 [J]. 资源科学，2018，40(01):74-88.

[205] 谭灵芝，马长发. 中国干旱区农户气候变化感知及适应性行为研究 [J]. 水土保持通报，2014，34(01):220-225.

[206] 冯晓龙，陈宗兴，霍学喜. 干旱条件下农户适应性行为实证研究——来自 1079 个苹果种植户的调查数据 [J]. 干旱区资源与环境，2016，30(03):43-49.

[207] 李根丽，魏凤. 农户的气候变化适应性行为及其影响因素——基于陕西、甘肃两省 597 份农户调查数据的分析 [J]. 湖南农业大学学报 (社会科学版)，2017，18(04):16-23.

[208] 刘滨，康小兰，殷秋霞，黄敏. 农业补贴政策对不同资源禀赋农户种粮决策行为影响机理研究——以江西省为例 [J]. 农林经济管理学报，2014，13(04):376-383.

[209] 赵玉，严武. 市场风险、价格预期与农户种植行为响应——基于粮食主产区

的实证 [J]. 农业现代化研究，2016，37(01):50-56.

[210] 刘畅，侯云先. 基于进化博弈的农户储备粮食行为研究 [J]. 中国农业大学学报，2017，22(03):154-159.

[211] 谢明志，原敏学，郭斌. 基于计划行为理论的农村土地流转行为研究 [J]. 西安建筑科技大学学报 (自然科学版)，2013，45(02):300-304.

[212] 付凯，杨朝现，信桂新，程飞，邵丽亚. 农户土地转出行为调查与分析 [J]. 地域研究与开发，2015，34(03):162-166.

[213] 王立涛. 农户土地流转行为差异及其影响因素研究 [J]. 农业经济，2015(11):114-115.

[214] 聂文静，李太平. 农产品价格与生产成本上升背景下的农户土地流转行为研究 [J]. 农林经济管理学报，2015，14(05):445-452.

[215] 普蓂喆，郑风田. 初始禀赋、土地依赖与农户土地转出行为分析——基于23 省 5165 个农户样本的实证分析 [J]. 华中科技大学学报 (社会科学版)，2016，30(01):42-50.

[216] 黄超群，蔡细平. 新型农村合作医疗制度对农户土地流转行为的影响——基于我国东部 8 省的实证分析 [J]. 江苏农业科学，2017，45(16):345-350.

[217] 蒙柳，许承光，张盈. 农户土地流转行为影响因素的实证分析 [J]. 统计与决策，2017(11):108-111.

[218] 王亚，魏玮，刘瑞峰，马恒运. 组织方式视角下农户土地流转决策行为分析——基于大样本农户调研 [J]. 农业技术经济，2017(04):38-49.

[219] 任天驰，康丕菊，彭志远，褚力其. 欠发达地区农户兼业对其土地转出行为的影响——基于云南省 558 户农户的调查 [J]. 中国农业大学学报，2018，23(07):205-216.

[220] 陈治国，李成友，辛冲冲. 农户土地流转决策行为及其福利效应检验——基于 CHIP2013 数据的实证研究 [J]. 商业研究，2018(05):163-171.

[221] 谭永海，梅昀. 分布式认知视角下农户土地转出行为影响因素分析——基于

武汉城市圈典型地区的调查 [J]. 资源开发与市场, 2018, 34(04):547-553.

[222] 庄晋财, 卢文秀, 李丹. 前景理论视角下兼业农户的土地流转行为决策研究
[J]. 华中农业大学学报 (社会科学版), 2018(02):136-144+161-162.

[223] 王岩, 杨俊孝. 新疆玛纳斯县农户农地流转行为影响因素实证分析 [J]. 干旱
区资源与环境, 2013, 27(06):7-13.

[224] 韩晓宇, 王芳. 西部地区农户农地流转行为影响因素分析——基于新疆三地
的调查 [J]. 兰州大学学报 (社会科学版), 2013, 41(03):116-124.

[225] 陈飞, 翟伟娟. 农户行为视角下农地流转诱因及其福利效应研究 [J]. 经济研
究, 2015, 50(10):163-177.

[226] 孙小龙, 郭沛. 风险规避对农户农地流转行为的影响——基于吉鲁陕湘 4
省调研数据的实证分析 [J]. 中国土地科学, 2016, 30(12):35-44.

[227] 洪炜杰, 陈小知, 胡新艳. 劳动力转移规模对农户农地流转行为的影响——
基于门槛值的验证分析 [J]. 农业技术经济, 2016(11):14-23.

[228] 冯旭芳, 李初妙, 卫晓霞. 贫困农户农地流转行为及驱动因素分析——基于
山西岢岚县的调查 [J]. 经济研究参考, 2016(39):62-66.

[229] 何欣, 蒋涛, 郭良燕, 甘犁. 中国农地流转市场的发展与农户流转农地
行为研究——基于 2013 ~ 2015 年 29 省的农户调查数据 [J]. 管理世界,
2016(06):79-89.

[230] 张明辉, 蔡银莺, 朱兰兰. 农户参与农地流转行为影响因素及经济效应分析
[J]. 长江流域资源与环境, 2016, 25(03):387-394.

[231] 杨和平, 陈荣蓉, 杨朝现. 农户农地转出行为影响因素分析 [J]. 西南师范大
学学报 (自然科学版), 2017, 42(02):85-90.

[232] 王孔敬. 集中连片特困民族地区农户林地转出行为及影响因素研究——以恩
施州为例 [J]. 湖北民族学院学报 (哲学社会科学版), 2016, 34(04):21-25.

[233] 徐畅, 徐秀英. 社会资本对农户林地流转行为的影响分析——基于浙江省
393 户农户的调查 [J]. 林业经济, 2017, 39(04):51-57.

[234] 王波，吕士福，黄和亮，陈钦萍.农户林地流转行为的关键影响因素研究 [J].林业经济，2017，39(04):58-61+66.

[235] 肖慧婷，谢芳婷，杜娟，朱述斌.农户资源禀赋差异性对林地流转行为影响实证研究——基于江西集体林区 10 县 503 农户的调查 [J].林业经济，2018，40(11):44-51.

[236] 陈俊，沈月琴，周隽，方秋爽，梅雨晴.农户人力资本对林地流入行为的影响 [J].浙江农林大学学报，2018，35(06):1139-1145.

[237] 徐秀英，徐畅，李朝柱.关系网络对农户林地流入行为的影响——基于浙江省的调查数据 [J].中国农村经济，2018(09):62-78.

[238] 高岚，徐冬梅.个体禀赋与认知对农户林地流转行为的影响——基于意愿与行为一致视角分析 [J].林业科学，2018，54(07):137-145.

[239] 姜长云.农户耕地流转行为比较及政策选择 [J].宏观经济管理，2015(10):39-41.

[240] 汪箭，杨钢桥.农地整治对农户耕地流转行为决策的影响研究——基于武汉和咸宁部分农户调查的实证 [J].中国土地科学，2016，30(08):63-71.

[241] 陈玲，翟印礼.农户参与退耕还林行为影响因素的实证分析——基于朝阳市和彰武县地区的调查 [J].林业经济问题，2014，34(04):350-356.

[242] 杨玉珍.农户闲置宅基地退出的影响因素及政策衔接——行为经济学视角 [J].经济地理，2015，35(07):140-147.

[243] 于伟，刘本城，宋金平.城镇化进程中农户宅基地退出的决策行为及影响因素 [J].地理研究，2016，35(03):551-560.

[244] 原伟鹏，刘新平，高玥，曾庆敏.贷款偏好视角下农户宅基地抵押行为意愿及模式选择——基于昌吉州 12 村镇 255 份问卷调研 [J].金融理论与实践，2017(01):82-88.

[245] 万亚胜，程久苗，吴九兴，费罗成，徐玉婷.基于计划行为理论的农户宅基地退出意愿与退出行为差异研究 [J].资源科学，2017，39(07):1281-1290.

[246] 侯懿珊，冯长春，沈昊婧.农户宅基地流转行为的区位差异研究——以河南省新乡市为例 [J].城市发展研究，2017，24(04):59-65.

[247] 胡银根，吴欣，王聪，余依云，董文静，徐小峰.农户宅基地有偿退出与有偿使用决策行为影响因素研究——基于传统农区宜城市的实证 [J].中国土地科学，2018，32(11):22-29.

[248] 王子坤，邹伟，王雪琪.农户宅基地退出的行为与意愿悖离研究 [J].中国土地科学，2018，32(07):29-35.

[249] 卢冲，王雨林.农户土地承包经营权抵押贷款意愿的结构方程模型构建——基于成都市 312 户农户的研究 [J].广东农业科学，2013，40(23):189-194.

[250] 石龙静，王静.土地流转背景下农户借贷行为分析——基于杨凌示范区农户的调查数据 [J].金融理论与实践，2014(06):84-87.

[251] 马艳艳，林乐芬，杨国涛.生态移民区农户借贷行为及影响因素分析——以宁夏 576 户农户的调查数据为例 [J].学术论坛，2015，38(01):73-77.

[252] 孟楠，罗剑朝，马婧.农户风险意识与承担能力对农地经营权抵押贷款行为响应影响研究——来自宁夏平罗 732 户农户数据的经验考察 [J].农村经济，2016(10):74-80.

[253] 李岩，丁启军，赵翠霞.不同类型农户贷款行为特征及其影响因素——基于连续 6 年农户贷款面板数据 [J].中国农业大学学报，2016，21(01):157-166.

[254] 吕德宏，冯春艳.基于有序 Logit 的不同类型贷款农户融资行为影响因素差异研究 [J].金融理论与实践，2016(03):70-74.

[255] 许家伟.传统农区农户借贷行为分析——基于兰考县董堂村、埠怀村的调查 [J].河南社会科学，2017，25(09):56-60.

[256] 叶宝治，徐秀英.社会资本对农户林权抵押贷款行为的影响分析——基于浙江省的农户调查 [J].林业资源管理，2017(06):9-15.

[257] 孔凡斌，阮华，廖文梅.农户参与林权抵押贷款行为分析 [J].林业经济问题，

2018，38(06):1-8+98.

[258] 马婧，罗剑朝 . 农户认知对其参与农地经营权抵押贷款行为的影响研究 [J].
人文杂志，2018(11):72-77.

[259] 陈芳 . 社会资本、融资心理与农户借贷行为——基于行为经济学视角的逻辑
分析与实证检验 [J]. 南方金融，2018(04):51-63.

[260] 张崇尚，吕开宇，李春肖 . 农户参保行为的影响因素研究——以玉米种植户
为例 [J]. 江苏社会科学，2015(04):65-71.

[261] 张卓，尹航 . 关于农户赔付标准、风险感知程度、政府补贴强度与农户参保
行为诸因素分析——来自主粮产区面板分位数回归的证据 [J]. 辽宁大学学
报 (哲学社会科学版)，2018，46(03):53-62.

[262] 王克亚，刘婷，邹宇 . 欠发达地区农户参与专业合作社意愿调查研究 [J]. 经
济纵横，2009(07):71-73.

[263] 郭红东，陈敏 . 农户参与专业合作社的意愿及影响因素 [J]. 商业研究，
2010(06):168-171.

[264] 黄文义，李兰英，童红卫，王飞，陈雪芹 . 农户参与林业专业合作社
的影响因素分析——基于浙江省的实证研究 [J]. 林业经济问题，2011，
31(02):102-105.

[265] 蔡荣，韩洪云 . 农户参与合作社的行为决策及其影响因素分析——以山东省
苹果种植户为例 [J]. 中国农村观察，2012(05):32-40+95.

[266] 马彦丽，施轶坤 . 农户加入农民专业合作社的意愿、行为及其转化——基于
13 个合作社 340 个农户的实证研究 [J]. 农业技术经济，2012(06):101-108.

[267] 张哲，周静，刘启明 . 辽北地区农户参与农民专业合作社满意度影响因素实
证分析 [J]. 农业经济，2012(02):42-43.

[268] 高雅，吴晨，原莹 . 农户选择退出合作社意愿的影响因素及差异性分析——
基于 Probit 模型和粤、皖两省农户的调查数据 [J]. 山西财经大学学报，
2014，36(07):70-80.

[269] 倪细云 . 菜农参与蔬菜专业合作社的意愿及影响因素——基于 3 省 607 户的调查分析 [J]. 西北农林科技大学学报 (社会科学版), 2014, 14(03):45-52.

[270] 钟颖琦, 黄祖辉, 吴林海 . 农户加入合作社意愿与行为的差异分析 [J]. 西北农林科技大学学报 (社会科学版), 2016, 16(06):66-74.

[271] 陈新华, 方凯 . 农户参与农民专业合作社的影响因素及其经济效益研究——基于广东省 207 家水禽养殖户的调研分析 [J]. 价格月刊, 2016(05):80-86.

[272] 赵晓峰, 王晶晶 . 农户参与合作社的行为决策及其影响因素分析——基于村域社会资本视角 [J]. 中共福建省委党校学报, 2018(12):86-95.

[273] 朋文欢, 傅琳琳 . 贫困地区农户参与合作社的行为机理分析——来自广西富川县的经验 [J]. 农业经济问题, 2018(11):134-144.

[274] 张春丽, 闫万山, 佟连军 . 农户参与湿地旅游意愿的影响因素分析——以黑龙江省三江国家级自然保护区为例 [J]. 湿地科学, 2009, 7(04):363-367.

[275] 张林娜 . 农户参与乡村旅游开发决策影响因素研究 [D]:[中国海洋大学硕士学位论文]. 青岛：中国海洋大学, 2012:18-26.

[276] 程丽颖, 干晓宇, 谢雨杉, 李强 . 新津梨花溪乡村旅游农户参与情况及其影响因素的实证分析 [J]. 湖北农业科学, 2015, 54(20):5189-5192.

[277] 向银 . 成都市乡村旅游中农户参与度及其影响因素研究 [D]:[四川农业大学硕士学位论文]. 成都：四川农业大学, 2015:12-18.

[278] 邱守明, 张婉尧, 李小龙 . 农户参与国家公园生态旅游经营的意愿及影响因素 [J]. 学术探索, 2017(05):61-66.

[279] 黄平芳, 罗镜秋, 张频, 邱隆云 . 农户参与旅游创业培训意愿及其影响因素分析——基于江西赣南地区的调查数据 [J]. 农林经济管理学报, 2018, 17(06):686-692.

[280] 张清荣 . 农户参与乡村民宿开发行为及其影响因素研究 [D]:[福建农林大学硕士专业学位论文]. 福州：福建农林大学, 2018:25-34.

[281] Fishbein，M.Ajzen，I. Belief，attitude，intention and behavior:an introduction to theory and research[M].Addison－ Wesley，1975.

[282] Ajzen，I. The theory of planned behavior [J]. Organizational Behavior and Human Decision Process，1991(50):179－ 211.

[283] 段文婷，江光荣．计划行为理论述评 [J]. 心理科学进展，2008(02):315－320.

[284] D Kahneman，A Tverksey． Prospect theory: An analysis of decision under risk [J].Econometrica，1979，47(2):263－291.

[285] Richard H．Thaler．Toward a Positive Theory of Consumer Choice [J]. Journal of Economic Behavior and Organization，1980，1(1)：39－60.

[286] Daniel Kahneman，Jack L．Knetsch，Richard H．Thaler．The Endowment Effect，Loss Aversion，and The Status Que Bias [J].Journal of Economic Perspectives，1991(1)：193－206.

[287] 黎诣远．西方经济学（第二版）[M].北京：高等教育出版社，2011:323－326.

[288] 湖南省人民政府．省情介绍 [EB/OL]. http://www.hunan.gov.cn/jxxx/hngk/sqjs/，2019－03－16

[289] 柯水发．农户参与退耕还林行为理论与实证研究 [D]:[北京林业大学博士学位论文]. 北京：北京林业大学，2007:129－149.

[290] 刘甜，苏世伟．三方博弈视角下秸秆产业的政府·企业和农户行为研究 [J]. 安徽农业科学，2016，44(07):238－241.

[291] 赵德宝．规模养殖污染治理中三方博弈与政策研究 [D]:[南昌大学硕士学位论文]. 南昌：南昌大学，2018:23－30.

[292] 张学龙，张丹丹．基于政府、企业、消费者三方博弈下新能源汽车发展的博弈分析 [J]. 价值工程，2018，37(17):14－18.

[293] 翟运开，路薇，孙东旭，赵杰．远程医疗背景下政府、医院和患者三方博弈

分析 [J]. 中国卫生经济，2018，37(07):54-57.

[294] 杨梅，陆志勇，张兆福 . 传统村落旅游利益分配 U 型关系研究 [J]. 重庆社会科学，2018(06):76-88.

[295] 王良健，吴佳灏，李辉 . 农户土地征收意愿及其影响因素的区域比较分析 [J]. 中国农村观察，2013(01):11-20+90.

[296] 薛薇 .SPSS 统计分析方法与应用（第 3 版）[M]. 北京：电子工业出版社，2013:262-278.

[297] 陈昱，陈银蓉，马文博 . 基于 Logistic 模型的水库移民安置区居民土地流转意愿分析——四川、湖南、湖北移民安置区的调查 [J]. 资源科学，2011，33(06):1178-1185.

[298] 邓祖涛 . 基于结构模型的乡村旅游地游客满意度研究——以湖北梁子湖旅游区为例 [J]. 旅游论坛，2012，5(02):24-28.

[299] 陈波 . 农村产权抵押融资农户满意度研究 [D]:[西北农林科技大学硕士学位论文]. 杨凌：西北农林科技大学，2013:35-41.

[300] 翁贞林，王晓娜 . 农户参与小农水管护满意度的影响因素分析——基于江西省农户调研数据 [J]. 农业经济与管理，2013(04):53-62.

[301] 乔蕻强，陈英 . 基于结构方程模型的征地补偿农户满意度影响因素研究 [J]. 干旱区资源与环境，2016，30(01):25-30.

[302] 翟运开，路薇，赵杰，侯红利 . 基于结构方程模型的远程会诊患者满意度研究 [J]. 中国卫生政策研究，2018，11(09):64-70.

[303] 李玲，王益澄，马仁锋，叶持跃，陈芳，刘文生 . 基于结构方程模型的古村居民保护意愿影响因素及效应研究 [J]. 世界科技研究与发展，2016，38(03):634-641.

[304] 张建国，钟晖，田媛，汪娟 . 高铁对旅游者决策行为影响研究 [J]. 昆明理工大学学报 (社会科学版)，2019，19(02):69-78.

[305] 吴明隆 . 结构方程模型——AMOS 的操作与应用（第 2 版）[M]. 重庆：重

庆大学出版社，2013:8-52.

[306] 王良健.区域可持续发展指标体系及其评估模型——湖南长沙市的实证研究 [J].中国管理科学，2000(02):76-81.

[307] 郭谦，林冬娜.全方位参与和可持续发展的传统村落保护开发 [J].华南理工大学学报 (自然科学版)，2002(10):38-42.

[308] 王燕华.利益主体视角下的古村落旅游经营模式探讨 [D]:[北京第二外国语学院硕士学位论文].北京：北京第二外国语学院，2008:17-23.

[309] 刘旺，吴雪.少数民族地区社区旅游参与的微观机制研究——以丹巴县甲居藏寨为例 [J].四川师范大学学报 (社会科学版)，2008(02):140-144.

[310] 陈庚.以居民为核心主体的古村落保护与开发——基于婺源李坑村的实证调查分析 [J].江汉大学学报 (人文科学版)，2009，28(05):86-90.

[311] 樊海强.古村落可持续发展的"三位一体"模式探讨——以建宁县上坪村为例 [J].城市规划，2010，34(12):93-96.

[312] 于吉京.张谷英村社区参与旅游经营模式研究 [D]:[中南林业科技大学硕士学位论文].长沙：中南林业科技大学，2010:21-26.

[313] 纪金雄.下梅古村落旅游利益相关者共生机制构建研究 [D]:[福建农林大学硕士学位论文].福州：福建农林大学，2010:27-31.

[314] 武晓英，李辉，李伟.社区参与旅游发展的利益分配机制研究——以西双版纳民族旅游地为例 [J].北京第二外国语学院学报，2014，36(11):59-67.

[315] 董广智.我国公共旅游资源利益分配机制研究 [J].价格月刊，2016(07):91-94.

[316] 张耀一.乡村旅游社区参与开发模式与利益分配机制研究 [J].农业经济，2017(03):65-66.

[317] 汪长根，周苏宁.关于新型城镇化进程中古镇古村落保护若干问题的思考 [J].中国文物科学研究，2014(04):13-17.

[318] 周乾松.新型城镇化过程中加强传统村落保护与发展的思考 [J].长白学刊，

　　　　2013(05):144-149.

[319] 北京绿维创景规划设计院 . 旅游引导的新型城镇化 [M]. 北京：中国旅游出版社，2013:99-124.

[320] 孙九霞，周一 . 遗产旅游地居民的地方认同——"碉乡"符号、记忆与空间 [J]. 地理研究，2015，34(12):2381-2394.

住房城乡建设部 文化部 财政部关于加强传统村落保护发展工作的指导意见

建村 [2012]184 号

各省、自治区、直辖市住房城乡建设厅（建委、农委）、文化厅（局）、财政厅（局），计划单列市建委（建设局）、文化局、财政局：

为贯彻落实党的十八大关于建设优秀传统文化传承体系、弘扬中华优秀传统文化的精神，促进传统村落的保护、传承和利用，建设美丽中国，住房城乡建设部、文化部、财政部（以下称三部门）就加强传统村落保护发展工作提出如下意见。

一、充分认识传统村落保护发展的重要性和必要性

传统村落是指拥有物质形态和非物质形态文化遗产，具有较高的历史、文化、科学、艺术、社会、经济价值的村落。传统村落承载着中华传统文化的精华，是农耕文明不可再生的文化遗产。传统村落凝聚着中华民族精神，是维系华夏子孙文化认同的纽带。传统村落保留

着民族文化的多样性，是繁荣发展民族文化的根基。但随着工业化、城镇化的快速发展，传统村落衰落、消失的现象日益加剧，加强传统村落保护发展刻不容缓。

新时期加强传统村落保护发展，保护和传承前人留下的历史文化遗产，体现了国家和广大人民群众的文化自觉，有利于增强国家和民族的文化自信；加强传统村落保护发展，延续各民族独特鲜明的文化传统，有利于保持中华文化的完整多样；加强传统村落保护发展，保持农村特色和提升农村魅力，为农村地区注入新的经济活力，有利于促进农村经济、社会、文化的协调可持续发展。

二、明确基本原则和任务

保护发展传统村落要坚持规划先行、统筹指导，整体保护、兼顾发展，活态传承、合理利用，政府引导、村民参与的原则。

保护发展传统村落的任务是：不断完善传统村落调查；建立国家和地方的传统村落名录；建立保护发展管理制度和技术支撑体系；制定保护发展政策措施；培养保护发展人才队伍；开展宣传教育和培训。

三、继续做好传统村落调查

各地住房城乡建设、文化、财政部门要按照三部门要求，对已登记的传统村落进行补充调查，完善村落信息档案。同时，进一步调查发现拥有传统建筑、传统选址格局、丰富非物质文化遗产的村落，特别要加强对少数民族地区、空白地区的再调查，并发动专家和社会各界推荐，不断丰富传统村落资料信息。

四、建立传统村落名录制度

三部门根据《传统村落评价认定指标体系（试行）》，按照省级推荐、专家委员会审定、社会公示等程序，将符合国家级传统村落认定条件的村落公布列入中国传统村落名录。各地住房城乡建设、文化、财政部门要抓紧制定本地区传统村落认定标准，开展本行政区传统村落评审认定，在三部门的指导下建立地方传统村落名录。各级传统村落名录分批公布。

五、推动保护发展规划编制实施

各级传统村落必须编制保护发展规划。规划要确定保护对象及其保护措施，划定保护范围和控制区，明确控制要求；安排村庄基础设施和公共服务设施建设和整治项目；明确传统要素资源利用方式；提出传承发展传统生产生活的措施。

各地住房城乡建设、文化、财政部门要建立保护发展规划的专家审查制度，提高规划编制的质量；建立巡查制度，保障保护发展规划的实施；坚持批前公示，方便公众参与；规划成果要长期公开，接受公众监督；加强规划编制与实施管理的人员机构经费保障，做到专人负责。

六、保护传承文化遗产

传统村落保护应保持文化遗产的真实性、完整性和可持续性。尊重传统建筑风貌，不改变传统建筑形式，对确定保护的濒危建筑物、构筑物应及时抢救修缮，对于影响传统村落整体风貌的建筑应予以整治。

尊重传统选址格局及与周边景观环境的依存关系，注重整体保护，禁止各类破坏活动和行为，已构成破坏的，应予以恢复。尊重村民作为文化遗产所有者的主体地位，鼓励村民按照传统习惯开展乡社文化活动，并保护与之相关的空间场所、物质载体以及生产生活资料。因重大原因确需迁并的传统村落，须经省级住房城乡建设、文化、财政部门同意，并报中央三部门备案。

七、改善村落生产生活条件

正确处理传统村落保护和村民改善生活意愿之间的关系，在符合保护规划要求的前提下，优先安排传统村落的基础设施和公共服务设施建设项目，积极引导居民开展传统建筑节能改造和功能提升，改善居住条件，提高人居环境品质。正确处理传统村落保护和发展之间的关系，深入挖掘和发挥传统文化遗产资源价值，在延续传统生产生活方式的基础上，适度发展特色产业，增加村民收入。正确处理保护与利用之间的关系，针对不同类型的资源提出合理的利用方式和措施，纠正无序和盲目建设，禁止大拆大建。

八、加强支持和指导

加大对传统村落保护发展项目的支持，鼓励社会力量参与传统村落的保护发展，多渠道筹措保护发展资金，建立政府推动、社会参与的协同保护发展机制。村庄整治等建设项目要向传统村落倾斜。各地住房城乡建设部门要会同文化、财政部门建立传统村落保护发展工作协调机制，成立专家指导委员会负责开展基础研究，提供总体技术指导和战略决策咨询，开展现场指导和培训。要建立村民参与机制，在制定保护发展规划、实施保护利用等项目时，应充分尊重村民意愿。

九、加强监督管理

各级传统村落应设置保护标志，建立保护档案，未经批准不得对传统村落进行迁并。三部门建立传统村落动态监测信息系统，收录村落基本情况、保护规划、建设项目等信息，对传统村落的保护状况和规划实施进行跟踪监测。

加强传统村落保护发展工作监督，对违反保护要求或因保护工作不力、造成传统文化遗产资源破坏的，提出警告并进行通报批评；对在开发活动过程中造成传统建筑、选址和格局、历史风貌破坏性影响的，发出濒危警示，并取消名录认定和项目支持，情节严重的，会同有关部门依法查处。

十、落实各级责任

传统村落保护发展实行分级管理。三部门制定全国传统村落保护发展纲要，认定公布中国传统村落名录，制定保护发展政策和支持措施，编制保护发展技术导则，对全国传统村落保护发展进行监督管理。省级住房城乡建设、文化、财政部门认定公布省级传统村落名录，编制本行政区传统村落保护发展技术指南，对本行政区传统村落保护发展进行监督管理。市、县级住房城乡建设、文化、财政部门认定公布市、县级传统村落，负责组织和指导本行政区内各级传统村落保护发展规划的制定，监督规划实施和建设项目的落实。

十一、加强宣传教育

各地要通过电视、广播、报刊、网络等媒体，展示传统村落的魅力，提高群众对传统文化资源的认知和了解，增强全民保护传统村落的自觉性。充分利用农村广播、壁画板报、宣传册等多种形式，向广大群众宣传传统村落保护的基本知识。举办传统村落保护的专业培训，加强技术和管理人才队伍的培养，为传统村落保护发展提供充足的人才储备。

中华人民共和国住房和城乡建设部

中华人民共和国文化部

中华人民共和国财政部

2012 年 12 月 12 日

附录二

湖南省人民政府办公厅关于切实加强传统村落保护发展的通知

湘政办发〔2017〕5号

各市州、县市区人民政府，省政府各厅委、各直属机构：

传统村落是传承历史记忆、生产生活智慧、文化艺术结晶和民族地域特色的重要载体。我省传统村落资源丰富，蕴含深厚的湖湘农耕文明内涵。为切实保护和发展好我省传统村落，根据中央有关保护和弘扬优秀传统文化精神，结合我省实际，经省人民政府同意，现将有关事项通知如下：

一、科学制定保护名录和保护规划

（一）科学制定保护名录。各地要组织开展调查，制定传统村落保护名录，将有重要价值的传统村落列入保护名录。要做好村落文化遗产的详细调查，按照"一村一档"的要求建立传统村落档案。对列入保护名录的传统村落，要实行挂牌保护。

（二）认真制定传统村落保护发展规划。各地要制定本区域内传统村落保护发展规划和保护项目清单，保护发展规划要与产业发展、乡村旅游、美丽宜居村庄、基础设施建设和文化遗产保护等专项规划进行衔接。传统村落比较集中的地区，可制定整体性传统村落片区规划。以木质结构为主的或者涉及文物保护单位、非物质文化遗产的传统村落，还应单独编制村落消防建设专项规划、文物保护规划和非物质文化遗产保护规划。传统村落所在地要以乡镇土地利用总体规划为指导，加快修订完善传统村落土地利用规划。

二、加强对传统村落的保护

（一）保护传统民居。加强传统民居的保护和修缮，优先支持传统村落实施农村危房改造整体推进，在不影响建筑外观风貌的前提下，可适当进行结构加固、隔热保温、通风采光等改造。

（二）保护整体风貌。加强传统村落存有环境保护，加固修缮、外观整饬古道、古桥、古井、古树名木等历史环境要素。加强古庙宇、古塔、古祠堂等传统村落公共建筑的保护和维修。规范传统村落新建住房管理，积极采用地方建筑元素，突出民居风貌特色，确保建筑风格与村落风貌相协调。为村落新增人口预留建房空间，避免"插花"混建。依法拆除严重影响历史建筑空间形态完整性、后期加建的附属建筑和违章搭建的棚屋、严重残毁的民居。

（三）保护文物古迹。加强传统村落文物普查，建立健全不同层级文物保护单位档案，依法实施文物分级保护工作。推行文物保护单位挂牌保护制度，落实文物保护维修、安防消防措施，依法从严打击各类破坏、倒卖文物行为。

（四）保护非物质文化遗产。深入调查、挖掘、整理和保护传统村落的非物质文化遗产，尊重非物质文化遗产原真性和文化内涵，保持其原有文化生态和文化风貌，保护属于非物质文化遗产组成部分的实物和场所，对非物质文化遗产进行真实、系统和全面记录。在传统文化特色鲜明、具有广泛群众基础的传统村落，积极开展非物质文化遗产展示和展演活动。

（五）保护生态环境。大力实施植树造林、退耕还林、封山育林、石漠化治理、水土流失治理、村庄绿化等重点生态工程，加强对风景林和水源涵养林的保护，注重生态环境修复。开展地质灾害隐患排查，对受威胁的传统村落及时开展地质灾害治理。

三、坚持合理适度开发

（一）适度有序开发特色旅游。在传统村落资源承载力、村民接受度、经济承受度等允许范围内，适度有序开发特色旅游，合理植入旅游功能要素，培育旅游业态。在开发过程中，必须保持传统村落"见人、见物、见生活"，切实避免过度商业开发。严禁未经充分论证对古路桥涵垣、古井塘树藤等历史环境要素实施改造，严禁将大广场、大草坪、大景观等生硬嫁接到传统村落，严禁将传统村落村民整体或多数迁出，严禁未经审批在传统村落保护范围内建设旅游设施。

（二）培育特色产业。因地制宜发展"一村一品、一乡一特"，打造一批特色种养基地、农副产品加工基地、农超对接基地、农业观光基地，大力发展文化产业，扶持特色手工艺，开发高品质的具有地方、民族特色和市场潜力的文化产品和文化服务，切实增加村民收入。

（三）完善设施建设。结合美丽宜居村庄建设，改善传统村落人居环境，完善基础设施。到 2018 年，因地制宜完成农村生活污水处理和农村生活垃圾专项治理，传统村落道路硬化率、农网改造率、广播电视和宽带覆盖率、"4G"移动信号覆盖率均达到100%，自来水普及率不低于80%。加快消防设施建设，合理设置消防水池、消防管网和布局消防火栓，配备适用的消防器材；开展用火用电设备规范改造，严格管理和规范日常用火、用电行为。到2020年，所有传统村落具备基本的消防安全保障能力。

四、加强组织保障

（一）强化组织领导。建立全省传统村落保护发展工作联席会议制度，省人民政府分管副省长任联席会议总召集人，省住房城乡建设厅、省财政厅、省国土资源厅、省农委、省文化厅、省林业厅、省旅发委、省文物局等部门负责人为成员，统筹协调全省传统村落保护工作。联席会议办公室设在省住房城乡建设厅。各市州、县市区要相应建立领导协调机制，统筹协调相关工作，整合相关项目资金，集中力量做好传统村落保护发展工作。有关乡镇要明确专门工作人员，配合做好监督管理工作。各传统村落要将保护要求纳入村规民约，充分发挥村民民主参与、民主决策、民主管理、民主监督的主体作用。

（二）加大资金投入。省新型城镇化专项资金对列入中国传统村落名录的村落给予适当支持。各地要整合相关资金和项目，支持传统村落的保护和发展。积极探索传统村落保护发展多元投入机制，鼓励和支持社会力量通过捐资赞助、租赁等方式，参与传统村落保护发展。将传统村落建设中已纳入经审定的改善农村人居环境规划（或其他专项规划）范围内的村庄规划建设、垃圾收运处理、污水处理、河道管护等公共服务项目，纳入政府购买改善农村人居环境服务范围。支持政策性银行开展传统村落保护发展优惠贷款。引导村民投工投劳建设传统村落基础设施。已获得中央补助资金的传统村落，应按要求加快保护清单项目建设，严格执行项目清单季报制度。

（三）加强技术指导。成立传统村落保护发展专家委员会，积极开展研究、咨询和技术指导工作。加强县乡规划建设管理人员、村干部和农村建筑工匠的技能培训，提高基层工作水平。落实省级专家驻村制度，开展经常性督导检查和技术指导。

（四）严格监督检查。各级各有关部门要加强对传统村落保护发展工作的监督检查，对规划实施、保护工程项目建设、发展状况进行跟踪监测，严肃查处违反规划、破坏资源的各类行为。认真落实预警和退出制度，传统村落发生严重破坏时，省住房城乡建设厅、省财政厅、省文化厅、省文物局、省旅发委、省国土资源厅、省农委、省林业厅等单位要联合发出预警；造成资源大面积破坏或者核心资源严重损毁的，要报请省人民政府取消名录认定和项目支持，并会同有关部门依法严肃查处。采用第三方考核评估机制等方式，加强对项目建设和专项资金使用情况进行监督评估。

（五）加大宣传力度。各级各有关部门要充分利用电视、广播、报刊、网络等媒体，大力加强传统村落宣传展示，积极宣传继承和弘扬优秀历史文化的重要意义，普及历史文化保护知识，总结推广保护发展先进典型，曝光破坏文化遗产的违法行为，营造传统村落保护发展的良好社会氛围。

湖南省人民政府办公厅

2017 年 1 月 24 日

湖南省中国传统村落名录

第一批中国传统村落 30 个（2012 年 12 月 6 日）

衡阳市常宁市庙前镇中田村

邵阳市隆回县虎形山瑶族乡崇木凼村

岳阳市岳阳县张谷英镇张谷英村

张家界市永定区王家坪乡石堰坪村

益阳市安化县东坪镇黄沙坪老街

益阳市安化县马路镇马路溪村

郴州市永兴县高亭乡板梁村

永州市零陵区富家桥镇干岩头村

永州市江永县夏层铺镇上甘棠村

永州市祁阳县潘市镇龙溪村

永州市双牌县理家坪乡坦田村

怀化市辰溪县上蒲溪瑶族乡五宝田村

怀化市会同县高椅乡高椅村

湘西土家族苗族自治州保靖县夯沙乡夯沙村

湘西土家族苗族自治州保靖县碗米坡镇首八峒村

湘西土家族苗族自治州凤凰县阿拉营镇舒家塘村

湘西土家族苗族自治州凤凰县都里乡拉毫村

湘西土家族苗族自治州凤凰县麻冲乡老洞村

湘西土家族苗族自治州古丈县高峰乡岩排溪村

湘西土家族苗族自治州古丈县红石林镇老司岩村

湘西土家族苗族自治州古丈县默戎镇龙鼻村

湘西土家族苗族自治州花垣县边城镇磨老村

湘西土家族苗族自治州花垣县排碧乡板栗村

湘西土家族苗族自治州吉首市矮寨镇德夯村

湘西土家族苗族自治州吉首市矮寨镇中黄村

湘西土家族苗族自治州龙山县苗儿滩镇六合村

湘西土家族苗族自治州龙山县苗儿滩镇惹巴拉村

湘西土家族苗族自治州永顺县大坝乡双凤村

湘西土家族苗族自治州永顺县灵溪镇老司城村

湘西土家族苗族自治州永顺县小溪乡小溪村

第二批中国传统村落 42 个（2013 年 8 月 26 日）

长沙市浏阳市大围山镇楚东村

衡阳市衡东县甘溪镇夏浦村

衡阳市衡东县杨林镇杨林村

衡阳市衡东县高塘乡高田村新大屋

衡阳市祁东县风石堰镇沙井老屋村

邵阳市绥宁县李熙桥镇李熙村

邵阳市绥宁县东山侗族乡东山村

邵阳市绥宁县在市苗族乡正板村

邵阳市绥宁县乐安铺苗族侗族乡天堂村

邵阳市绥宁县黄桑坪苗族乡上堡村

邵阳市新宁县一渡水镇西村坊村

邵阳市城步苗族自治县丹口镇桃林村

邵阳市城步苗族自治县长安营乡大寨村

邵阳市武冈市双牌乡浪石村

益阳市安化县东坪镇唐家观村

益阳市安化县江南镇洞市社区

益阳市安化县江南镇梅山村

益阳市安化县古楼乡新潭村樟水凼

益阳市安化县南金乡将军村滑石寨

郴州市桂阳县龙潭街道办事处溪里魏家村

郴州市桂阳县太和镇地界村

郴州市桂阳县洋市镇庙下村

郴州市桂阳县莲塘镇大湾村

郴州市桂阳县荷叶镇鑑塘村上王家村

郴州市汝城县马桥镇外沙村

永州市宁远县禾亭镇小桃源村

永州市新田县金盆圩乡河山岩村

怀化市通道侗族自治县坪坦乡坪坦村

怀化市麻阳苗族自治县锦和镇岩口山村

怀化市麻阳苗族自治县郭公坪乡溪口村湾里

怀化市麻阳苗族自治县尧市乡小江村

怀化市麻阳苗族自治县大桥江乡豪侠坪村

怀化市鹤城区芦坪乡尽远村

娄底市新化县奉家镇上团村

湘西土家族苗族自治州吉首市峒河街道小溪村

湘西土家族苗族自治州吉首市社塘坡乡齐心村

湘西土家族苗族自治州吉首市排绸乡河坪村

湘西土家族苗族自治州凤凰县山江镇老家寨村

湘西土家族苗族自治州凤凰县山江镇凉灯村

湘西土家族苗族自治州泸溪县达岚镇岩门村

湘西土家族苗族自治州龙山县靛房镇万龙村

湘西土家族苗族自治州龙山县里耶镇长春村

第三批中国传统村落 19 个（2014 年 11 月 17 日）

邵阳市绥宁县关峡苗族乡大园村

郴州市宜章县白沙圩乡腊元村

永州市双牌县五里牌镇塘基上村

永州市江永县兰溪瑶族乡兰溪村

怀化市溆浦县葛竹坪镇山背村

怀化市会同县长寨乡小市村

怀化市会同县连山乡大坪村

怀化市会同县岩头乡墓脚村

怀化市新晃侗族自治县方家屯乡何家田村

怀化市新晃侗族自治县天堂乡地习村

怀化市新晃侗族自治县茶坪乡美岩村

怀化市通道侗族自治县双江镇芋头村

怀化市通道侗族自治县黄土乡皇都侗族文化村

娄底市新化县水车镇正龙村

娄底市新化县奉家镇下团村

湘西土家族苗族自治州凤凰县山江镇黄毛坪村

湘西土家族苗族自治州凤凰县山江镇早岗村

湘西土家族苗族自治州凤凰县麻冲乡竹山村

湘西土家族苗族自治州龙山县苗儿滩镇捞车村

第四批中国传统村落 166 个（2016 年 12 月 9 日）

湘潭市湘潭县石鼓镇顶峰村

湘潭市湘乡市壶天镇壶天村

衡阳市衡南县宝盖镇宝盖村

衡阳市衡南县栗江镇大渔村

衡阳市衡东县草市镇草市村

衡阳市衡东县荣桓镇南湾村

衡阳市耒阳市小水镇小墟村

衡阳市耒阳市太平圩乡寿州村

衡阳市耒阳市上架乡珊钿村

衡阳市常宁市白沙镇上游村

衡阳市常宁市西岭镇六图村

衡阳市常宁市罗桥镇下冲村

邵阳市新邵县潭溪镇爽溪村

邵阳市新邵县坪上镇仓场村

邵阳市新邵县潭府乡小白水村

邵阳市隆回县山界回族乡老屋村

邵阳市绥宁县东山侗族乡横坡村

邵阳市绥宁县鹅公岭侗族苗族乡上白村

邵阳市城步苗族自治县儒林镇清溪村

邵阳市城步苗族自治县蒋坊乡杉坊村

岳阳市平江县上塔市镇黄桥村

岳阳市汨罗市新市镇新市村

岳阳市汨罗市长乐镇长新村

张家界市永定区王家坪镇伞家湾村

张家界市永定区四都坪乡庙岗村

张家界市桑植县洪家关白族乡洪家关村

益阳市桃江县桃花江镇花园洞村

益阳市安化县南金乡九龙池村

郴州市北湖区鲁塘镇陂副村

郴州市北湖区鲁塘镇村头村

郴州市苏仙区坳上镇坳上村

郴州市苏仙区望仙镇长冲村

郴州市桂阳县和平镇筱塘村

郴州市桂阳县正和镇阳山村

郴州市宜章县迎春镇碛石村

郴州市宜章县长村乡千家岸村

郴州市永兴县油市镇坪洞村

郴州市嘉禾县石桥镇仙江村

郴州市嘉禾县石桥镇石桥铺村

郴州市嘉禾县珠泉镇雷公井村

郴州市临武县汾市镇南福村

郴州市临武县麦市镇上乔村

郴州市临武县大冲乡乐岭村

郴州市汝城县土桥镇金山村

郴州市汝城县卢阳镇东溪村

郴州市汝城县卢阳镇津江村

郴州市汝城县文明镇沙洲村

郴州市汝城县马桥镇石泉村

郴州市汝城县永丰乡先锋村

郴州市资兴市三都镇辰冈岭村

郴州市资兴市三都镇流华湾村

郴州市资兴市三都镇中田村

郴州市资兴市程水镇星塘村

郴州市资兴市程水镇石鼓村

郴州市资兴市东坪乡新坳村

永州市零陵区大庆坪乡芬香村

永州市祁阳县大忠桥镇蔗塘村

永州市祁阳县肖家村镇九泥村

永州市祁阳县进宝塘镇陈朝村

永州市祁阳县下马渡镇元家庙村

永州市东安县横塘镇横塘村

永州市双牌县江村镇访尧村

永州市道县清塘镇楼田村

永州市道县清塘镇小坪村

永州市道县祥霖铺镇田广洞村

永州市宁远县湾井镇下灌村

永州市蓝山县祠堂圩乡虎溪村

永州市新田县三井乡谈文溪村

永州市江华瑶族自治县东田镇水东村

永州市江华瑶族自治县大圩镇宝镜村

永州市江华瑶族自治县大石桥乡井头湾村

怀化市中方县中方镇荆坪村

怀化市中方县铜湾镇黄溪村

怀化市中方县铁坡镇江坪村

怀化市中方县接龙镇桥头村

怀化市沅陵县明溪口镇浪潮村烧火岩

怀化市沅陵县明溪口镇胡家溪村

怀化市沅陵县二酉苗族乡莲花池村

怀化市沅陵县荔溪乡明中村

怀化市溆浦县黄茅园镇金中村

怀化市溆浦县小江口乡蓑衣溪村

怀化市溆浦县九溪江乡光明村

怀化市溆浦县横板桥乡株木村阳雀坡

怀化市溆浦县横板桥乡乌峰村

怀化市会同县广坪镇吉朗村

怀化市会同县高椅乡翁高村

怀化市新晃侗族自治县天堂乡道丁村

怀化市新晃侗族自治县贡溪乡天井寨村

怀化市靖州苗族侗族自治县甘棠镇燎原村

怀化市靖州苗族侗族自治县甘棠镇寨姓村

怀化市靖州苗族侗族自治县坳上镇九龙村

怀化市靖州苗族侗族自治县坳上镇木洞村

怀化市靖州苗族侗族自治县平茶镇江边村

怀化市靖州苗族侗族自治县寨牙乡岩脚村

怀化市靖州苗族侗族自治县寨牙乡大林村

怀化市靖州苗族侗族自治县三锹乡地笋村

怀化市靖州苗族侗族自治县铺口乡林源村

怀化市靖州苗族侗族自治县藕团乡老里村

怀化市通道侗族自治县播阳镇上湘村

怀化市通道侗族自治县播阳镇陈团村

怀化市通道侗族自治县锅冲乡占字村

怀化市通道侗族自治县黄土乡半坡村

怀化市通道侗族自治县坪坦乡高步片

怀化市通道侗族自治县坪坦乡高团村

怀化市通道侗族自治县甘溪乡洞雷村

怀化市洪江市沅河镇沅城村

怀化市洪江市茅渡乡洒溪村

怀化市洪江市湾溪乡堙上古村

怀化市洪江市湾溪乡山下陇古村

怀化市洪江市洗马乡古楼坪村

娄底市双峰县荷叶镇硖石村

娄底市涟源市三甲乡铜盆村

娄底市新化县水车镇楼下村

湘西土家族苗族自治州吉首市矮寨镇坪年村

湘西土家族苗族自治州吉首市寨阳乡坪朗村

湘西土家族苗族自治州吉首市寨阳乡补点村

湘西土家族苗族自治州泸溪县梁家潭乡芭蕉坪村

湘西土家族苗族自治州泸溪县梁家潭乡椥木溪村

湘西土家族苗族自治州泸溪县八什坪乡欧溪村

湘西土家族苗族自治州凤凰县茶田镇塘坳村

湘西土家族苗族自治州凤凰县吉信镇大塘村

湘西土家族苗族自治州凤凰县吉信镇火炉坪村

湘西土家族苗族自治州凤凰县山江镇东就村

湘西土家族苗族自治州凤凰县都里乡塘头村芭蕉冲

湘西土家族苗族自治州凤凰县三拱桥乡泡水村

湘西土家族苗族自治州凤凰县麻冲乡扭光村

湘西土家族苗族自治州凤凰县千工坪乡香炉山村

湘西土家族苗族自治州凤凰县木里乡关田山村

湘西土家族苗族自治州凤凰县木里乡黄沙坪村

湘西土家族苗族自治州凤凰县米良乡米良村

湘西土家族苗族自治州花垣县雅酉镇高务村

湘西土家族苗族自治州花垣县雅酉镇五斗村

湘西土家族苗族自治州花垣县排碧乡十八洞村

湘西土家族苗族自治州花垣县排碧乡张刀村

湘西土家族苗族自治州花垣县排料乡芷耳村

湘西土家族苗族自治州花垣县排料乡金龙村

湘西土家族苗族自治州花垣县雅桥乡油麻村

湘西土家族苗族自治州保靖县水田河镇金落河村

湘西土家族苗族自治州保靖县葫芦镇新民村

湘西土家族苗族自治州保靖县葫芦镇木芽村

湘西土家族苗族自治州保靖县葫芦镇傍海村

湘西土家族苗族自治州保靖县葫芦镇黄金村

湘西土家族苗族自治州保靖县清水坪镇魏家寨村

湘西土家族苗族自治州保靖县夯沙乡吕洞村

湘西土家族苗族自治州保靖县夯沙乡夯吉村

湘西土家族苗族自治州保靖县夯沙乡梯子村

湘西土家族苗族自治州古丈县默戎镇李家村

湘西土家族苗族自治州古丈县默戎镇中寨村

湘西土家族苗族自治州古丈县默戎镇九龙村

湘西土家族苗族自治州古丈县默戎镇毛坪村

湘西土家族苗族自治州古丈县默戎镇翁草村

湘西土家族苗族自治州古丈县红石林镇列溪村

湘西土家族苗族自治州古丈县岩头寨镇洞溪村

湘西土家族苗族自治州古丈县双溪乡宋家村

湘西土家族苗族自治州永顺县灵溪镇爬出科村

湘西土家族苗族自治州永顺县灵溪镇博射坪村

湘西土家族苗族自治州永顺县泽家镇砂土村

湘西土家族苗族自治州永顺县大坝乡大井村

湘西土家族苗族自治州永顺县列夕乡芷州村

湘西土家族苗族自治州永顺县列夕乡列夕村

湘西土家族苗族自治州永顺县万民乡伍伦村

湘西土家族苗族自治州永顺县泽家镇西那村

湘西土家族苗族自治州龙山县洗车镇老洞村

湘西土家族苗族自治州龙山县苗儿滩镇树比村

湘西土家族苗族自治州龙山县贾市乡街上村

湘西土家族苗族自治州龙山县贾市乡巴沙村

第五批中国传统村落 401 个（2019 年 6 月 6 日）

长沙市长沙县开慧镇开慧村

长沙市浏阳市小河乡潭湾村

株洲市攸县莲塘坳镇泉坪村

株洲市茶陵县桃坑乡双元村

株洲市炎陵县鹿原镇西草坪村

株洲市醴陵市沩山镇沩山村

湘潭市韶山市韶山乡韶山村

衡阳市衡南县花桥镇高新村

衡阳市耒阳市仁义镇罗渡村

衡阳市耒阳市导子镇导子社区

衡阳市耒阳市余庆街道水口村

衡阳市耒阳市长坪乡石枧村

衡阳市常宁市白沙镇上洲村

衡阳市常宁市白沙镇光荣村

衡阳市常宁市西岭镇大洪村

衡阳市常宁市西岭镇五冲村

衡阳市常宁市三角塘镇双湾村

衡阳市常宁市三角塘镇玄塘村

衡阳市常宁市罗桥镇石盘村

衡阳市常宁市胜桥镇大茅坪村

邵阳市邵东县杨桥镇清水村

邵阳市新邵县严塘镇白水洞村

邵阳市新邵县坪上镇清水村

邵阳市新邵县巨口铺镇刘家村

邵阳市新邵县太芝庙镇龙山村

邵阳市邵阳县白仓镇三门村

邵阳市邵阳县金称市镇青石塘村

邵阳市邵阳县塘田市镇芙蓉社区

邵阳市邵阳县五峰铺镇六里村

邵阳市邵阳县小溪市乡文昌村

邵阳市邵阳县河伯乡易仕村

邵阳市洞口县罗溪瑶族乡白椒村

邵阳市洞口县罗溪瑶族乡宝瑶村

邵阳市洞口县罗溪瑶族乡大麻溪村

邵阳市绥宁县东山侗族乡翁溪村

邵阳市绥宁县乐安铺苗族侗族乡大团村

邵阳市绥宁县关峡苗族乡插柳村

邵阳市绥宁县关峡苗族乡花园角村

邵阳市绥宁县长铺子苗族侗族乡道口村

邵阳市城步苗族自治县儒林镇杨家将村

邵阳市城步苗族自治县丹口镇下团村

邵阳市城步苗族自治县丹口镇羊石村

邵阳市城步苗族自治县长安营镇长安营村

邵阳市城步苗族自治县蒋坊乡铺头村

常德市汉寿县丰家铺镇铁甲村

常德市桃源县牛车河镇三红村

常德市桃源县牛车河镇毛坪村

张家界市永定区沅古坪镇栗山村

张家界市永定区沅古坪镇红星村

张家界市永定区沅古坪镇盘塘村

张家界市永定区沅古坪镇红土坪村

张家界市永定区沅古坪镇栗子坪村

张家界市永定区王家坪镇马头溪村

张家界市永定区王家坪镇紫荆塔村

张家界市永定区王家坪镇太阳山村

张家界市永定区王家坪镇宋家溪村

张家界市永定区王家坪镇桥边河村

张家界市永定区王家坪镇木山村

张家界市永定区王家坪镇砂子垭村

张家界市永定区王家坪镇韭菜垭村

张家界市永定区谢家垭乡高坪村

张家界市永定区谢家垭乡龙阳村

张家界市永定区谢家垭乡孙阳坪村

张家界市永定区谢家垭乡筒车坝村

张家界市永定区罗水乡龙凤村

张家界市永定区四都坪乡黄家河村

张家界市永定区四都坪乡熊家塔村

张家界市永定区四都坪乡铜斗村

张家界市永定区四都坪乡和平村

张家界市慈利县广福桥镇老棚村

张家界市桑植县人潮溪镇廖城村

张家界市桑植县刘家坪白族乡双溪桥村

益阳市安化县烟溪镇双烟村

益阳市安化县渠江镇大安村

益阳市安化县平口镇金辉村

益阳市安化县江南镇高城村

益阳市安化县田庄乡天子山村

郴州市北湖区石盖塘街道小溪村

郴州市北湖区华塘镇吴山村

郴州市北湖区华塘镇土坑下村

郴州市北湖区华塘镇豪里村

郴州市北湖区鲁塘镇下鲁塘村

郴州市北湖区安和街道小埠村

郴州市北湖区安和街道新田岭村

郴州市北湖区仰天湖瑶族乡安源村

郴州市苏仙区良田镇两湾洞村

郴州市苏仙区良田镇堆上村

郴州市苏仙区良田镇高雅岭村

郴州市苏仙区栖凤渡镇岗脚村

郴州市苏仙区栖凤渡镇朱家湾村

郴州市苏仙区栖凤渡镇正源村

郴州市桂阳县太和镇长乐村

郴州市桂阳县莲塘镇锦湖村

郴州市宜章县杨梅山镇月梅村

郴州市宜章县黄沙镇沙坪村

郴州市宜章县天塘镇水尾村

郴州市宜章县天塘镇林家排村

郴州市宜章县莽山瑶族乡黄家塝村

郴州市宜章县关溪乡双溪村

郴州市永兴县马田镇井岗村

郴州市永兴县金龟镇牛头村

郴州市永兴县高亭司镇车田村

郴州市永兴县油麻镇柏树村

郴州市嘉禾县塘村镇英花村

郴州市嘉禾县石桥镇中华山村

郴州市嘉禾县石桥镇周家村

郴州市嘉禾县广发镇忠良村

郴州市嘉禾县普满乡雷家村

郴州市嘉禾县普满乡茶坞村

郴州市临武县武水镇坦下村

郴州市临武县汾市镇龙归坪村

郴州市临武县水东镇油湾村

郴州市临武县花塘乡石门村

郴州市汝城县土桥镇土桥村

郴州市汝城县土桥镇永安村

郴州市汝城县土桥镇永丰村

郴州市汝城县泉水镇星村

郴州市汝城县暖水镇北水村

郴州市汝城县卢阳镇云善村

郴州市汝城县马桥镇高村

郴州市汝城县井坡镇大村

郴州市汝城县文明瑶族乡文市村

郴州市汝城县文明瑶族乡韩田村

郴州市桂东县沙田镇龙头村

郴州市资兴市三都镇辰南村

郴州市资兴市蓼江镇蓼江村

郴州市资兴市蓼江镇秧田村

郴州市资兴市兴宁镇岭脚村

郴州市资兴市州门司镇鸭公垅村

郴州市资兴市清江镇羊场村

郴州市资兴市清江镇黄嘉村

郴州市资兴市回龙山瑶族乡回龙村

永州市零陵区水口山镇大皮口村

永州市零陵区邮亭圩镇杉木桥村

永州市零陵区石岩头镇杏木元村

永州市零陵区大庆坪乡田家湾村

永州市零陵区大庆坪乡大庆坪社区

永州市零陵区大庆坪乡夫江仔村

永州市祁阳县观音滩镇八尺村

永州市祁阳县大忠桥镇双凤村

永州市祁阳县进宝塘镇枫梓塘村

永州市祁阳县潘市镇董家埠村

永州市祁阳县潘市镇八角岭村

永州市祁阳县潘市镇侧树坪村

永州市祁阳县潘市镇柏家村

永州市祁阳县羊角塘镇泉口村

永州市祁阳县七里桥镇云腾村

永州市双牌县泷泊镇平福头村

永州市双牌县茶林镇大河江村

永州市道县梅花镇修宜村

永州市道县清塘镇达村

永州市道县清塘镇土墙村

永州市道县祥霖铺镇老村

永州市道县祥霖铺镇郎龙村

永州市道县祥霖铺镇达头山村

永州市道县桥头镇庄村

永州市道县桥头镇坦口村

永州市道县桥头镇桥头村

永州市道县乐福堂乡龙村

永州市道县横岭乡菖路村

永州市道县横岭乡横岭村

永州市江永县潇浦镇何家湾村

永州市江永县潇浦镇向光村

永州市江永县上江圩镇河渊村

永州市江永县上江圩镇夏湾村

永州市江永县上江圩镇浦尾村

永州市江永县上江圩镇桐口村

永州市江永县夏层铺镇高家村

永州市江永县夏层铺镇东塘村

永州市江永县桃川镇大地坪村

永州市江永县粗石江镇城下村

永州市江永县松柏瑶族乡黄甲岭社区

永州市江永县松柏瑶族乡松柏社区

永州市江永县兰溪瑶族乡新桥村

永州市江永县兰溪瑶族乡棠下村

永州市江永县源口瑶族乡古调村

永州市江永县源口瑶族乡清溪村

永州市宁远县天堂镇大阳洞村

永州市宁远县湾井镇路亭村

永州市宁远县湾井镇久安背村

永州市宁远县冷水镇骆家村

永州市宁远县太平镇城盘岭村

永州市宁远县禾亭镇琵琶岗村

永州市宁远县中和镇岭头村

永州市宁远县柏家坪镇柏家村

永州市宁远县清水桥镇平田村

永州市宁远县九嶷山瑶族乡西湾村

永州市新田县枧头镇龙家大院村

永州市新田县枧头镇彭梓城村

永州市新田县石羊镇乐大晚村

永州市新田县石羊镇厦源村

永州市新田县金盆镇骆铭孙村

永州市江华瑶族自治县河路口镇牛路社区

怀化市沅陵县沅陵镇栗坡村板树坪村

怀化市沅陵县明溪口镇大岩头村楠木垭古寨

怀化市沅陵县明溪口镇梓木坪村上古古寨

怀化市沅陵县凉水井镇洞溪村

怀化市沅陵县凉水井镇金花殿村

怀化市沅陵县七甲坪镇金河村金河村

怀化市沅陵县七甲坪镇三星村

怀化市沅陵县七甲坪镇拖舟村

怀化市沅陵县七甲坪镇楠木村

怀化市沅陵县火场土家族乡中村

怀化市沅陵县借母溪乡借母溪村

怀化市沅陵县北溶乡洞上坪村

怀化市沅陵县北溶乡碣滩村

怀化市沅陵县二酉乡浪古村黄泥田村

怀化市沅陵县二酉乡四方溪村粟家古寨

怀化市辰溪县辰阳镇张家溜村

怀化市辰溪县孝坪镇板桥村

怀化市辰溪县修溪镇龚家湾村

怀化市辰溪县修溪镇椒坪溪村

怀化市辰溪县船溪乡船溪驿村

怀化市辰溪县长田湾乡雷家坡村

怀化市辰溪县后塘瑶族乡纪岩村

怀化市辰溪县罗子山瑶族乡刘家坨村

怀化市辰溪县上蒲溪瑶族乡梯田村

怀化市辰溪县上蒲溪瑶族乡保树坪村

怀化市辰溪县上蒲溪瑶族乡茂兰冲村

怀化市辰溪县上蒲溪瑶族乡当峰村

怀化市辰溪县仙人湾瑶族乡光明堂村

怀化市辰溪县谭家场乡狮头坡村

怀化市溆浦县低庄镇金子湖村

怀化市溆浦县龙潭镇金牛村

怀化市溆浦县龙潭镇岩板村

怀化市溆浦县均坪镇白雾头村

怀化市溆浦县均坪镇金屋湾村

怀化市溆浦县黄茅园镇高桥村

怀化市溆浦县祖师殿镇青龙溪村

怀化市溆浦县思蒙镇仁里冲村

怀化市溆浦县统溪河镇穿岩山村

怀化市溆浦县统溪河镇牛溪村

怀化市溆浦县淘金坪乡令溪塘村

怀化市溆浦县中都乡高坪村

怀化市溆浦县中都乡上尚村

怀化市溆浦县北斗溪镇茅坡村

怀化市会同县林城镇金寨村

怀化市会同县林城镇东岳司村

怀化市会同县团河镇官舟村

怀化市会同县团河镇盛储村

怀化市会同县若水镇望东村

怀化市会同县若水镇檀木村

怀化市会同县若水镇长田村

怀化市会同县广坪镇西楼村

怀化市会同县广坪镇羊角坪村

怀化市会同县马鞍镇相见村

怀化市会同县沙溪乡市田村

怀化市会同县金子岩侗族苗族乡白市村

怀化市会同县金子岩侗族苗族乡利溪村

怀化市会同县高椅乡邓家村

怀化市新晃侗族自治县凉伞镇桓胆村

怀化市新晃侗族自治县凉伞镇坪南村

怀化市新晃侗族自治县凉伞镇黄雷村

怀化市新晃侗族自治县步头降苗族乡天雷村

怀化市新晃侗族自治县林冲镇大堡村

怀化市新晃侗族自治县贡溪镇绍溪村

怀化市新晃侗族自治县米贝苗族乡烂泥村

怀化市靖州苗族侗族自治县大堡子镇前进村

怀化市靖州苗族侗族自治县大堡子镇铜锣村

怀化市靖州苗族侗族自治县大堡子镇岩寨村

怀化市靖州苗族侗族自治县坳上镇戈盈村

怀化市靖州苗族侗族自治县新厂镇姚家村

怀化市靖州苗族侗族自治县平茶镇小岔村新寨村

怀化市靖州苗族侗族自治县太阳坪乡地芒村

怀化市靖州苗族侗族自治县三锹乡三锹村金山寨村

怀化市靖州苗族侗族自治县三锹乡元贞凤冲村

怀化市靖州苗族侗族自治县寨牙乡地卢村

怀化市靖州苗族侗族自治县寨牙乡芳团村

怀化市靖州苗族侗族自治县藕团乡高营村塘保寨

怀化市靖州苗族侗族自治县藕团乡康头村

怀化市靖州苗族侗族自治县藕团乡新街村

怀化市通道侗族自治县县溪镇西流村

怀化市通道侗族自治县县溪镇恭城村

怀化市通道侗族自治县县溪镇水涌村

怀化市通道侗族自治县播阳镇新团村贯团村

怀化市通道侗族自治县万佛山镇官团村

怀化市通道侗族自治县牙屯堡镇炉溪村

怀化市通道侗族自治县牙屯堡镇文坡村枫香村、元现村

怀化市通道侗族自治县溪口镇杉木桥村定溪村

怀化市通道侗族自治县溪口镇北麻村

怀化市通道侗族自治县溪口镇坪头村孟冲村

怀化市通道侗族自治县溪口镇画笔村

怀化市通道侗族自治县陇城镇张里村

怀化市通道侗族自治县陇城镇老寨村

怀化市通道侗族自治县大高坪苗族乡龙寨塘村

怀化市通道侗族自治县独坡镇地坪村

怀化市通道侗族自治县坪坦乡中步村

怀化市通道侗族自治县坪坦乡横岭村

怀化市通道侗族自治县坪坦乡岭南村

怀化市洪江市黔城镇长坡村

怀化市洪江市雪峰镇界脚村

怀化市洪江市岔头乡大沅村

怀化市洪江市岔头乡大年溪村

怀化市洪江市岔头乡双松村

怀化市洪江市岔头乡羊坡村

怀化市洪江市熟坪乡罗翁村

怀化市洪江市铁山乡铁山村

怀化市洪江市群峰乡芙蓉溪村

怀化市洪江市湾溪乡蒿莱坪村

怀化市洪江市深渡苗族乡花洋溪村

怀化市洪江市龙船塘瑶族乡龙船塘社区小熟坪村

怀化市洪江市龙船塘瑶族乡黄家村

怀化市洪江市龙船塘瑶族乡白龙村

怀化市洪江市龙船塘瑶族乡翁朗溪村

怀化市洪江市岩垅乡竹坪垅村

怀化市洪江市岩垅乡青树村

娄底市双峰县甘棠镇香花村

娄底市新化县水车镇上溪村

娄底市新化县琅塘镇琅塘社区

娄底市涟源市杨市镇洄水村

娄底市涟源市三甲乡三甲村

湘西土家族苗族自治州吉首市矮寨镇家庭村

湘西土家族苗族自治州吉首市矮寨镇联团村

湘西土家族苗族自治州吉首市马颈坳镇隘口村林农寨

湘西土家族苗族自治州吉首市丹青镇锦坪村

湘西土家族苗族自治州吉首市己略乡红坪村古者寨

湘西土家族苗族自治州泸溪县潭溪镇新寨坪村

湘西土家族苗族自治州泸溪县洗溪镇塘食溪村

湘西土家族苗族自治州泸溪县洗溪镇三角潭村

湘西土家族苗族自治州泸溪县洗溪镇布条坪村

湘西土家族苗族自治州泸溪县洗溪镇李什坪村

湘西土家族苗族自治州泸溪县洗溪镇张家坪村

湘西土家族苗族自治州凤凰县腊尔山镇苏马河村

湘西土家族苗族自治州凤凰县禾库镇米坨村

湘西土家族苗族自治州凤凰县麻冲乡扭仁村

湘西土家族苗族自治州花垣县民乐镇土屯村

湘西土家族苗族自治州花垣县吉卫镇大夯来村

湘西土家族苗族自治州花垣县吉卫镇夜郎坪村

湘西土家族苗族自治州花垣县雅酉镇扪岱村

湘西土家族苗族自治州花垣县雅酉镇东卫村

湘西土家族苗族自治州花垣县雅酉镇排腊村

湘西土家族苗族自治州花垣县雅酉镇坡脚村

湘西土家族苗族自治州花垣县花垣镇紫霞村

湘西土家族苗族自治州花垣县双龙镇鸡坡岭村

湘西土家族苗族自治州花垣县双龙镇龙孔村

湘西土家族苗族自治州花垣县双龙镇鼓戎湖村

湘西土家族苗族自治州花垣县双龙镇板栗村

湘西土家族苗族自治州花垣县石栏镇磨子村

湘西土家族苗族自治州花垣县石栏镇雅桥村

湘西土家族苗族自治州花垣县石栏镇子腊村

湘西土家族苗族自治州花垣县石栏镇懂马村

湘西土家族苗族自治州花垣县石栏镇大兴村

湘西土家族苗族自治州花垣县石栏镇石栏村

湘西土家族苗族自治州花垣县石栏镇岩科村

湘西土家族苗族自治州花垣县长乐乡谷坡村

湘西土家族苗族自治州花垣县补抽乡桃子村

湘西土家族苗族自治州花垣县补抽乡懂哨村

湘西土家族苗族自治州保靖县普戎镇波溪村

湘西土家族苗族自治州保靖县普戎镇亨章村

湘西土家族苗族自治州保靖县迁陵镇陇木村

湘西土家族苗族自治州保靖县迁陵镇阿扎河村

湘西土家族苗族自治州保靖县迁陵镇陡滩村

湘西土家族苗族自治州保靖县毛沟镇巴科村

湘西土家族苗族自治州保靖县水田河镇丰宏村

湘西土家族苗族自治州保靖县葫芦镇新印村

湘西土家族苗族自治州保靖县碗米坡镇白云山村

湘西土家族苗族自治州保靖县碗米坡镇磋比村

湘西土家族苗族自治州保靖县碗米坡镇沙湾村

湘西土家族苗族自治州保靖县阳朝乡米溪村

湘西土家族苗族自治州古丈县古阳镇丫角村

湘西土家族苗族自治州古丈县古阳镇排茹村

湘西土家族苗族自治州古丈县岩头寨镇沾潭村

湘西土家族苗族自治州古丈县岩头寨镇梓木村

湘西土家族苗族自治州古丈县岩头寨镇磨刀岩村

湘西土家族苗族自治州古丈县默戎镇夯娄村

湘西土家族苗族自治州古丈县默戎镇新窝村

湘西土家族苗族自治州古丈县红石林镇白果树村

湘西土家族苗族自治州古丈县红石林镇坐龙峡村

湘西土家族苗族自治州古丈县高峰镇三坪村

湘西土家族苗族自治州古丈县高峰镇陈家村

湘西土家族苗族自治州古丈县坪坝镇曹家村

湘西土家族苗族自治州古丈县坪坝镇溪口村窝米寨

湘西土家族苗族自治州古丈县高峰镇葫芦坪村

湘西土家族苗族自治州永顺县首车镇龙珠村

湘西土家族苗族自治州永顺县芙蓉镇兰花洞村

湘西土家族苗族自治州永顺县石堤镇大明村

湘西土家族苗族自治州永顺县灵溪镇那必村

湘西土家族苗族自治州永顺县西歧乡西龙村

湘西土家族苗族自治州永顺县西歧乡流浪溪村

湘西土家族苗族自治州永顺县西歧乡西岐村

湘西土家族苗族自治州永顺县车坪乡咱河村

湘西土家族苗族自治州龙山县洗车河镇耳洞村

湘西土家族苗族自治州龙山县洗车河镇天井村

湘西土家族苗族自治州龙山县红岩溪镇头车村大字沟

湘西土家族苗族自治州龙山县靛房镇百型村

湘西土家族苗族自治州龙山县靛房镇信地村

湘西土家族苗族自治州龙山县靛房镇中心村

湘西土家族苗族自治州龙山县苗儿滩镇东风村

湘西土家族苗族自治州龙山县里耶镇兔吐村

湘西土家族苗族自治州龙山县里耶镇双树村

湘西土家族苗族自治州龙山县里耶镇双坪村

湘西土家族苗族自治州龙山县桂塘镇前丰村

湘西土家族苗族自治州龙山县召市镇神州社区马洛沟

湘西土家族苗族自治州龙山县洛塔乡泽果村

湘西土家族苗族自治州龙山县洛塔乡猛西村

湘西土家族苗族自治州龙山县洛塔乡烈坝村

湘西土家族苗族自治州龙山县内溪乡五官村喇宗坡寨

湘西土家族苗族自治州龙山县农车乡天桥村

湘西土家族苗族自治州龙山县农车乡塔泥村

湘西土家族苗族自治州龙山县咱果乡脉龙村

湘西土家族苗族自治州龙山县茅坪乡长兴村

附录四

传统村落保护与旅游开发的农户行为
调查问卷

传统村落保护与旅游开发农户调查问卷

尊敬的朋友：

　　您好！

　　为了研究村落文化遗产的保护与旅游开发，我们拟在全省范围内
开展传统村落保护与旅游开发的问卷调查，所有调查采用匿名形式！
恳请您表达自己的真实想法！衷心感谢您百忙之中参与该项调查！

调查时间：＿＿＿＿＿　调查地点：＿＿＿＿村

第一部分　传统村落保护与旅游开发的农户行为响应及影响因素调查

一、您的性别

A. 男　　　　　　　　　B. 女

二、您的年龄

A .20 岁以下　　　B .21~39 岁　　　C. 40~59 岁　　　D. 60 岁以上

三、您的文化程度

A. 小学或未上学　　　　　B. 初中

C. 高中（含职高、中专）　D. 大专及以上

四、您从事的职业

A .完全务农，未从事与旅游有关的工作

B. 兼农，部分从事与旅游有关的工作

C. 非农【长期外出打工；无业（也不务农）；企业老板】

D. 其他＿＿＿＿＿＿＿＿＿＿。（请注明）

五、您的家庭人口数（如果与您的父母已分家，就不计父母；如果子女已单独成家且分家了，就不计子女）

　　A. 1~3 人　　　　　　　　B. 4~6 人及以上

六、您的家庭从事旅游服务的人数

A. 1 人　　　　　　B. 2 人

C.3 人　　　　　　D. 4 人及以上　　E. 我家没人从事旅游服务

七、您家庭的年总收入

A.2 万元以下　B.2 万 ~4 万元　C.4 万 ~6 万元　D.6 万元以上

八、您家庭的年旅游总收入

A.1 万元及以下　　　B.1 万 ~2 万元

C.2 万 ~4 万元　　　D.4 万元以上　　　　E. 无任何旅游收入

九、您家的房屋修缮与维护状况

A. 政府投资维修　　　B. 个人自己维修

C. 从未进行修缮　　　D. 已拆旧翻新

十、您家的房屋产权登记状况

A. 已进行明确登记　　　B. 没有进行产权登记

十一、您是否入了"新农保"（新型农村社会养老保险）

A. 入了　　　　　　　B. 没有入

十二、您是否入了"新农合"（新型农村合作医疗）

A. 入了　　　　　　　B. 没有入

十三、您所在地的交通等基础设施条件

A. 大大改善　　　　B. 一般　　　　C. 落后

十四、对于旅游开发，您的态度是（单选）

A. 我无条件地支持旅游开发

B. 如果有利于保护历史文化遗产，改善本地经济条件，我支持旅游开发，否则我不同意进行旅游开发

C. 我无所谓（开发也可以，不开发也可以）

D. 为了保护历史文化遗产的原真性，我坚决不同意进行旅游开发

十五、您村一共有_____人口，一共有_____（请注明）人从事与旅游有关的工作

十六、您村目前采取哪种开发经营模式

A. 政府投资经营　　　　　　　B. 村委会自主经营

C. 个人承包经营　　　　　　　D. 企业承包经营

E. 外部企业与村委会合资经营　F. 其他

十七、您村年旅游总收入是_____，年接待旅游者总人次是_____（请注明）

十八、您村在旅游开发中一共投入_____（请注明）资金

第二部分 基于 TPB 的农户心理因素变量调查

潜变量	可观测变量	很不同意	比较不同意	一般	比较同意	完全同意
旅游开发参与意向	如果有条件我打算参与旅游开发经营					
	我打算把现有的房屋出租出去					
	要是有合适的企业我愿意从事旅游服务工作					
行为态度	我认为旅游开发对村落的保护与改善，对当地居民生活都有好处					
	旅游开发对我家有利，我赞成					
	旅游开发对村里经济发展是有好处的，我支持					
主观规范	我的家人支持旅游开发					
	我的亲戚朋友认为旅游开发是有好处的					
	我们村德高望重的人士支持旅游开发					
	周围邻村的人认为旅游开发会给家庭带来好处					
	其他已经进行旅游开发的村民认为旅游开发是有好处的					
知觉行为控制	我们家有人对旅游业比较熟悉，知道如何经营旅游服务					
	我们家是否参与旅游开发经营由我们家自己说了算					
	如果我们家想经营旅游服务，就一定能找到合适的参与方式					

第三部分　传统村落保护与旅游开发现状及问题调查

一、您是否参与了旅游开发的民主决策？

A. 参与过，而且是主要的决策者之一

B. 参与过，但只是象征性的参与

C. 听说过，但未参与

D. 从未听说过

二、当地政府是否制定了旅游开发规划？

A. 是　　　　　　　　　　B. 否

三、您对您村的旅游规划是否了解？

A. 是　　　　　　　　　　B. 否

四、您村的旅游开发是否按规划实施？

A. 是　　　　　　　　　　B. 否

五、当地政府是否出台过相关的保护措施？

A. 是　　　　　　　　　　B. 否

六、当地政府是否在您村投入过资金进行保护或开发？

A. 是　　　　　　　　　　B. 否

七、您家的房屋面积

A.50 平米及以内　　　　　B.50 平米 ~100 平米

C.101 平米 ~160 平米　　　D.160 平米以上

八、您家的房屋是哪一年修建的？ _____

九、您家的房屋是哪一级文物保护？ _____

　　A. 国家级　　　　B. 级　　　　C. 县级　　　　D. 不是

十、您家的房屋目前的状况是

　　A. 房屋损坏　　B. 屋顶渗漏　　　　C. 墙面裂缝

　　D. 虫蛀腐烂　　E. 老宅拆除盖新房　F. 其他_____。（请注明）

十一、您认为您村古村落整体保护状况如何？

A. 基本上没有遭到破坏，完整度高

B. 小部分遭受破坏

C. 较大程度的损失

D. 遭到严重破坏，失去原有面貌

E. 不了解

十二、您认为目前您村古村落保护存在的主要问题是什么？（可多选）

A. 缺少资金，保护力度不够

B. 监管不力，强拆、违拆现象严重

C. 住房建设与古村落保护冲突

D. 规划不合理，相关政策、法律不健全

E. 宣传不够，民众保护意识不足

F. 相关保护及修复技术不完善

G. 环境变化加快古村落的毁坏进程

H. 房屋产权转让困难

十三、您认为应如何加强古村落的保护？（可多选）

A. 加大政府投入，保护古村落原貌

B. 加强古村落基础设施建设和周边环境整治

C. 开发旅游业，促进古村落保护

D. 通过产权转让等方式引入社会资金进行保护

E. 制定地方性法规，加强古村落保护

F. 其他建议

十四、您认为如何实现古村落旅游可持续发展？（经营模式、决策机制、利益分配等村民、政府、公司分别扮演什么角色？）

第四部分　传统村落保护与旅游开发的农户满意度调查

一、您对旅游开发带来的经济影响期望

A. 非常高　　　B. 比较高　　　C. 一般　　　D. 比较低　　　E. 非常低

二、您对旅游开发带来的社会文化影响期望

A. 非常高　　　B. 比较高　　　C. 一般　　　D. 比较低　　　E. 非常低

三、您对旅游开发带来的环境影响期望

A. 非常高　　　B. 比较高　　　C. 一般　　　D. 比较低　　　E. 非常低

四、您以社区为家的感受

A. 非常高　　　B. 比较高　　　C. 一般　　　D. 比较低　　　E. 非常低

五、您对社区的关注程度

A. 非常高　　　B. 比较高　　　C. 一般　　　D. 比较低　　　E. 非常低

六、您是否想搬离您现在居住的地方

A. 非常想　　　B. 比较想　　　C. 一般　　　D. 不很想　　　E. 非常不想

七、您对家庭参与旅游业的情况

A. 非常满意　　　　B. 比较满意　　　　C. 一般

D. 比较不满意　　　E. 非常不满意

八、您对旅游收入的分配情况

A. 非常满意　　　　B. 比较满意　　　　C. 一般

D. 比较不满意　　　E. 非常不满意

九、您对权利的分配

A. 非常满意　　　　B. 比较满意　　　　C. 一般

D. 比较不满意　　　E. 非常不满意

十、您对旅游开发带来的正面影响感受最深的是

A. 收入增加　　　　B. 就业机会增加　　　C. 生活水平提高

D. 促进文化交流　　E. 保护历史遗迹　　　F. 增强环保意识

G. 加快新村建设　　H. 其他_____

十一、您对旅游开发带来的负面影响感触最深的是

A. 生活成本增加　　　B. 交通拥挤　　　　C. 犯罪率提高

D. 增加污染　　　　　E. 破坏自然环境　　F. 其他_____

十二、与您的期望相比，您对旅游开发的满意度

A. 非常满意　　　　　B. 比较满意　　　　C. 一般

D. 比较不满意　　　　E. 非常不满意

十三、与其他地方相比，您对旅游开发的满意度

A. 非常满意　　　　　B. 比较满意　　　　C. 一般

D. 比较不满意　　　　E. 非常不满意

十四、您对您村目前古村落旅游开发与保护的总体满意度

A. 非常满意　　　　　B. 比较满意　　　　C. 一般

D. 比较不满意　　　　E. 常不满意

POSTSCRIPT
后 记

此项研究工作是在我的导师湖南大学的王良健教授的悉心指导下完成的。从论文选题、调研设计、研究方法选取、研究内容框架设计、直至最后的修改定稿，每一个环节都得到王老师精心的指导，所有工作都凝聚着王老师的心血。王老师治学严谨，学识渊博，亲切友善，对学生关爱有加，对我不仅在学习上严格要求，而且在生活、工作中也是关怀备至。可以说，王老师不仅是我学术的领路人，也是我人生的导师。借此机会，谨向王老师致以深深的谢意和崇高的敬意！

另外，要感谢刘沛林教授。刘老师是我的第二导师，我的论文得以顺利完成，也离不开刘老师的指导和帮助。刘老师作为学科带头人，时刻都在关心我们年轻人的成长，甚至亲自予以指导，亲自传帮带。

然后，要感谢湖南大学经济与贸易学院这个大家庭。能成为这个团队的一员，是我的荣幸。湖南大学深厚的文化底蕴和优美的校园环境为我们创造了一个良好的学习平台，经济与贸易学院的张亚斌教授、祝树金教授、柯善咨教授、何鸣博士等老师的精彩讲解和教诲还历历在目，这将激励着我继续前行；感谢参加论文开题的罗能生教授、王耀中教授、刘辉煌教授、陈乐一教授提出的建设性意见；感谢论文盲审匿名评审专家的中肯评价和修改建议；感谢参加论文答辩的罗能生教授、刘沛林教授、魏晓研究员、陈乐一教授、李松龄教授和答辩秘书刘懿博士的学术指导和修改建议；感谢经济与贸易学院的许和连院长、祝树金院长、研究生秘书张文静博士、陶娟老师、研究生院的高瞻老师在我攻读学位期间各管理环节提供的无私帮助；感谢同门兄弟姐妹张扬、高文倩，以及舍友李子豪等同窗在我论文写作过程中给予的鼓励和支持。

感谢衡阳师范学院的杨载田教授、向清成教授、田亚平教授、王鹏教授、罗文教授、邓运员教授、郑文武教授、邹君教授、旅游管理教研室的同事，以及学校相关领导和地理与旅游学院的其他领导同事在我读博期间给予工作和学习上的关心和支持；感谢衡阳师范学院旅游管理专业的多位同学帮忙完成了部分传统村落的实地问卷调查。

感谢文中列出的所有参考文献的作者，你们的成果给了我一定的启发和借鉴；感谢教育部人文社科青年项目（14YJC790082）对论文创作过程中数据收集、问卷调查、论文发表等方面给予的经费支持。

感谢人文在线出版策划编辑潘萌先生和责任编辑谢秋慧女士为本书出版付出的辛勤劳动！

感谢我的父母和所有亲人对我家庭、工作、学习的大力支持和无私奉献。年近古稀的爸妈不远千里而来，克服气候环境等种种困难，帮我带好小孩，解决了我的后顾之忧，让我得以安心撰写论文。感谢我的爱人龙美云女士对我读博的全力支持、包容、理解和鼓励，在我读博期间承担了所有的家务，让我可以全身心地投入艰苦的学习中。感谢我的爱女刘沐宁小朋友，她是上天赐给我们的最好的礼物，她就像一个小天使一样，带给我们无尽的欢乐，虽然论文写作期间经常受到她的"骚扰"和捣乱，有时还要占着电脑让我陪她玩儿，有时我比较着急还会忍不住对她发火，把她吓得哇哇大哭，这时我心里又是满满的自责。但她的陪伴却也使得撰写论文的过程不再那么枯燥，更多的充满着乐趣，洋溢着幸福。

最后，要感谢自己这些年来的坚持，不放弃。未来的路还很长，希望自己能永远心怀感恩，不忘初心，踏踏实实做人，认认真真做事，走好人生的每段路。

刘天曌

2021 年 6 月于雁城